VIDA APÓS SUICÍDIO

Copyright© 2019 by Jennifer Ashton Licença exclusiva para publicação em português brasileiro cedida à nVersos Editora. Todos os direitos reservados. Publicado originalmente na língua inglesa sob o título: *Life after Suicide: Finding, Courage, Confort & Community After Unthinkable loss* e publicado pela Editora HapperCollins, New York.

Diretor Editorial e de Arte:
Julio Cesar Batista

Produção Editorial:
Carlos Renato

Preparação:
Mariana Silvestre de Souza

Revisão:
Maria Dolores Delfina Sierra Mata

Capa adaptada da original:
William Ruoto

Editoração Eletrônica:
Matheus Pfeifer

Dados Internacionais de Catalogação na Publicação (CIP)
(Câmara Brasileira do Livro, SP, Brasil)

Ashton, Jennifer
Vida após suicídio: encontrando coragem, conforto e acolhimento após a perda de uma pessoa querida / Jennifer Ashton; tradução Sônia Augusto.
São Paulo: nVersos Editora, 2020.
Título original: *Life after suicide: finding courage, comfort & community after unthinkable loss*
ISBN 978-85-5486-249-7
1. Ashton, Jennifer, 1969- 2. Suicídio
3. Suicídio - Prevenção 4. Vítimas de suicídio - Relações familiares I. Título.

1ª edição – 2020
Esta obra contempla o Acordo Ortográfico da Língua Portuguesa
Impresso no Brasil - Printed in Brazil
nVersos Editora: Rua Cabo Eduardo Alegre, 36 - CEP: 01257060 - São Paulo – SP
Tel.: 11 3995-5617
www.nversos.com.br
nversos@nversos.com.br

JENNIFER ASHTON, M.D.

VIDA APÓS SUICÍDIO

ENCONTRANDO CORAGEM, CONFORTO
E ACOLHIMENTO APÓS A PERDA DE
UMA PESSOA QUERIDA

TRADUÇÃO
SÔNIA AUGUSTO

nVersos

Esta não é uma obra de ficção. Alguns nomes e outras características identificadoras foram alteradas para proteger a privacidade das pessoas envolvidas.

Para Alex e Chloe, e para o Dr. Rob Ashton, que os criou comigo e os amava tanto quanto eu.

A Dra. Jennifer Ashton está doando uma parte da receita da venda de *Vida após o suicídio* para a *American Foundation for Suicide Prevention* em memória do Dr. Robert Ashton Jr.

INTRODUÇÃO 13
CAPÍTULO UM 17
CAPÍTULO DOIS 35
CAPÍTULO TRÊS 51
CAPÍTULO QUATRO 69
CAPÍTULO CINCO 79
CAPÍTULO SEIS 93
CAPÍTULO SETE 111
CAPÍTULO OITO 123
CAPÍTULO NOVE 135
CAPÍTULO DEZ 147
CAPÍTULO ONZE 159
CAPÍTULO DOZE 173
EPÍLOGO 187
AGRADECIMENTOS 201
RECURSOS 207

INTRODUÇÃO

VIDA APÓS O SUICÍDIO É UM LIVRO QUE EU NUNCA PODERIA IMAGINAR escrever, muito menos a partir de uma experiência pessoal. Levei um ano e meio para ser capaz de oferecer um livro que se concentre na parte que se refere a *vida* do título, ao invés de focar no suicídio, um livro sobre a jornada da minha família em direção à cura depois de uma tragédia súbita e arrasadora e, sou eternamente grata por poder dizer isto, um livro também sobre a jornada de pessoas que sobreviveram a um suicida. Este é um livro sobre esperança, força, resiliência e crescimento, e com muito apoio e amor, encontramos nosso caminho para fora de uma escuridão que, algumas vezes, temi que pudesse nos engolir.

Os noticiários nacionais diziam "Cirurgião salta para a morte depois de se divorciar da esposa celebridade de TV". O "cirurgião" era o Dr. Robert Ashton, um brilhante especialista torácico. Eu sou a "esposa celebridade da TV", a Dra. Jennifer Ashton, principal correspondente médica da *ABC News*, uma especialista em saúde, convidada frequentemente em *Good Morning America*, *Dr. Oz* e *The Doctors*[1], uma médica casada com um médico por 21 anos, e mãe orgulhosa de Alex e Chloe, os dois melhores filhos adolescentes na história dos filhos adolescentes. Nossa família era imune ao suicídio... até não sermos mais, até descobrirmos do jeito difícil que o suicídio é um horror com oportunidades iguais que atinge as famílias independentemente de raça, cor, religião, idade, educação, ocupação, realizações ou *status* socioeconômico. Ou, para usar

---

[1] *Good Morning America* é um programa matinal norte-americano da emissora ABC, *Dr. Oz* é um programa que discute sobre questões de saúde e *The Doctors* é um programa médico de entrevistas no ar desde 2008.

uma analogia médica simples que costumo usar, todos os traseiros são iguais quando estão usando um avental hospitalar.

Obviamente, para compartilhar todos os passos e equívocos de nossa jornada e as jornadas de outros sobreviventes a um suicida que foram generosos e compartilharam suas histórias, eu tive de reviver o ano e meio passado, que começou com um detetive na porta de nossa sala de estar para me falar sobre um bilhete que foi encontrado junto ao corpo de Rob. Escrever este livro foi um exercício catártico, revelador, terapêutico, assustador e, muitas vezes, doloroso, mas terá valido a pena se fizer com que uma só pessoa acredite naquela luz no final de um túnel de desespero no qual me senti tão perdida.

Eu não tinha percebido completamente até olhar para trás, quanto progresso meus filhos e eu fizemos e quanto aprendemos sobre nós mesmos e sobre o mundo que nos rodeia desde o dia em que Rob tirou a própria vida. Eu me sinto envergonhada ao dizer isso, como médica, que não sabia nada sobre suicídio e o estigma que o rodeia até me perceber autoconsciente, e até constrangida, por meu marido, o pai de meus filhos, ter se matado. Desde a infância, eu tinha uma aversão congênita a fraqueza; a vulnerabilidade; ao fracasso; a insegurança; a culpa; aos medos e defeitos, mas repentinamente fui atingida e tive de encarar cada uma dessas características – não em Rob, mas em mim mesma. Por um longo tempo, meu impulso era enterrá-las para poder mostrar um rosto forte para Alex e Chloe; e porque sou naturalmente reservada, parecia mais confortável continuar ocupada, parecer o mais normal possível e, o melhor que podia, esconder o fato de que estava destruída e lutando para me levantar. Havia duas pessoas com quem compartilhei tudo que estava pensando e sentindo. Além disso, expor a mim mesma, minhas imperfeições e os desafios que minha família enfrentou depois do suicídio de Rob, especialmente para milhões de espectadores de TV, parecia assustador demais.

Foi preciso algum tempo e muita aprendizagem por ensaio-e-erro – o que ajuda e o que não ajuda, quem são ou não seus verdadeiros amigos, o que esperar ou não quando marcos inevitáveis aparecem, o que esperar ou não de si mesmo e dos que o rodeiam – antes de eu procurar hesitante alguns outros sobreviventes a um suicida, essencialmente para perguntar como estavam passando pelo processo de recuperação e de cura. Eu esperava palavras de sabedoria e conselhos. Entretanto, recebi muito mais do que isso. Descobri que existe uma grande comunidade de sobreviventes a suicidas, pessoas incríveis e heroicas, uma comunidade tristemente maior a cada dia, conforme o suicídio atinge proporções epidêmicas, formada por pessoas que estão mais do que dispostas a deixar o estigma de lado, contar suas histórias e abrir o coração e os braços; e foi mais fortalecedor do que posso descrever ouvi-las falar com sinceridade: "Eu sei exatamente o que você está sentindo, e você não está sozinha".

Então, um ano e quatro meses depois de Rob tirar sua vida, outro suicídio arrasador chegou às manchetes e; em resultado de minha entrevista televisionada sobre isso e da reação surpreendente à entrevista, eu tive a oportunidade de aprender outra lição que mudou minha vida: por mais fortalecedor que seja ouvir alguém dizer sinceramente "Eu sei exatamente como você está se sentindo, e você não está sozinha", é ainda mais fortalecedor sair do esconderijo, com defeitos e tudo, e dizer exatamente a mesma coisa para outros que precisam disso.

Se você é uma das pessoas que precisa ouvir isso, ou se conhece e ama alguém que precisa, este livro é para você. Ainda estou aprendendo. Ainda existem dias em que tudo isso parece surreal. Ainda fico pensando, às vezes, se algum dia vou deixar de me sentir quebrada, e não posso fingir que toda essa dura jornada está para trás, de uma vez por todas. Mas cheguei longe o bastante para buscar você com estas páginas e garanto, como parte de uma comunidade extraordinária de sobreviventes cujas histórias você vai ouvir, que existe realmente vida após o suicídio de uma pessoa querida.

CAPÍTULO UM

era sábado, 11 de fevereiro de 2017.

Eu levantei por volta das 6 horas da manhã. Por causa da minha participação regular no programa *Good Morning America*, da rede ABC, estou acostumada a levantar cedo. Seis da manhã é dormir até tarde para mim. Minha meiga filha de 17 anos, Chloe, estava a uma hora e meia de distância no colégio interno particular de Lawrenceville e era uma participante orgulhosa do time de hóquei no gelo de sua escola. Meu maravilhoso filho de 18 anos, Alex, era um calouro na Universidade de Columbia, mas estava em casa há alguns dias se recuperando de um resfriado. Quando passei pela porta fechada do quarto dele, senti uma onda de alívio por ele ter escolhido uma faculdade tão perto e poder vir para casa quando e se precisasse. Parei ao lado da porta para ouvir por um segundo. Estava silencioso lá dentro. Obviamente, ele estava dormindo, e eu sorri por ele dormir tão calmo e quieto, e continuei a andar em silêncio.

Nosso apartamento fica no 40º andar de um edifício com portaria em Fort Lee, Nova Jersey, com uma vista incrível do horizonte de Nova York do outro lado do rio e da Ponte George Washington, a cerca de 270 metros da entrada do prédio. Eu fui para a janela da sala de estar para olhar algumas nuvens que passavam por cima de Manhattan e fazer meus planos para o dia. Estou acostumada a abrir meus olhos todas as manhãs e pensar: "Quanto eu posso fazer hoje? Quanto posso realizar e quando posso começar?" Para o bem ou para o mal, a palavra *lazer* não está no meu vocabulário, e os fins de semana não são uma exceção.

Rapidamente decidi manter minha rotina usual dos sábados: uma aula de *spinning* às 8h30 da manhã na *SoulCycle* na cidade, a apenas 15 minutos da Upper West Side, para meu exercício físico diário, depois voltar para casa para uma ducha e planejar o resto do dia a partir daí.

Quando passava pela Ponte George Washington, olhei de relance para o relógio: 8h13. Eu estava em cima da hora, mas consegui chegar à *SoulCycle* com uns minutos de folga. Escolhi uma bicicleta na fila dos fundos enquanto a aula de *spinning* começava e deixei meu corpo assumir, para que minha mente vagasse pelo território desconhecido em que minha vida havia se transformado.

Dezoito dias antes, em 23 de janeiro, eu tinha estado em um Fórum com meu marido, um brilhante cirurgião torácico chamado Dr. Robert Ashton Jr., concluindo nosso divórcio. Nós nos abraçamos e choramos quando saímos do Fórum, e nos abraçamos de novo quando ele me acompanhou até o meu carro. Tínhamos tentado por mais de um ano salvar nosso casamento de 21 anos, com a ajuda e uma terapeuta de família, a Dra. Sue Simring. Mas, finalmente, um dia no final de uma sessão, ela disse em voz alta o que com certeza nós já sabíamos.

"A única coisa que vocês dois têm em comum agora são seus filhos. Suas diferenças são irreconciliáveis, e eu não saberia por onde começar se vocês me dissessem que querem ficar juntos e fazer este casamento funcionar. Acho que vocês deveriam ligar para seus advogados."

Ela nos deu um momento para absorver isso e, depois, continuou: "Quero que saibam que podem continuar as sessões comigo, como um casal ou individualmente".

Acredito em aproveitar todas as oportunidades para trabalhar comigo mesma. Afinal de contas, havia muito com que trabalhar! "Sim", eu disse. "Com certeza. Obrigada." E continuei a ter sessões com ela.

Rob, por outro lado, deixou de lado o convite com uma resposta simples e educada: "Não, eu estou bem".

Não fiquei surpresa. Havia sido eu quem começara o assunto da terapia de casal e, depois, do divórcio, e nenhuma vez ele disse nada parecido com: "Não! Eu te amo! Não faça isso!" A reação dele, ou a falta de reação, meio que resumiu o estado de nosso relacionamento:

sem altos, nem baixos, menos um casal do que duas pessoas muito ocupadas levando suas próprias vidas muito ocupadas, compartilhando uma casa porque era lá que nossos filhos estavam, mas pouco ou nada mais. Seguindo o conselho da Dra. Simring, nós nos sentamos juntos desde o começo para contar a Alex e a Chloe que estávamos fazendo terapia de casal. No dia seguinte, Chloe foi comigo até Los Angeles, onde eu estava gravando um episódio de *The Doctors* e, naquela noite, na cama no nosso quarto de hotel, deitada no escuro, ela anunciou calmamente: "Mamãe, quero que você saiba que, se você e o papai não se entenderem, Alex e eu não queremos que vocês fiquem juntos por nossa causa".

Nem dá para contar o número de vezes que meus filhos me impressionaram. Esse foi um desses momentos.

Alguns meses depois, usando a linguagem que a Dra. Simring havia nos dado depois daquela conversa final no consultório, nós nos sentamos mais uma vez com nossos filhos.

"Sua mãe e eu nos amamos", disse Rob, "e é claro que amamos vocês. Mas não nos amamos mais da forma que um marido e uma mulher precisam se amar, o tipo de amor que pode manter um casamento. Então, decidimos que será melhor para todos nós se morarmos separados e nos divorciarmos".

Eu comecei a chorar e falei sufocando: "Sinto muito. Sabemos que isso é difícil para vocês. Nós tentamos mesmo".

Alex, um adolescente, quase me interrompeu na pressa de chegar ao alto de sua lista de prioridades. "Onde os cachorros vão morar?"

Foi tão natural de Alex dizer isso que nós sorrimos, enquanto eu explicava que os dois cães grandes — nossos labradores, Nigel e Remy — ficariam com o papai, e o pequeno, Mason, o Morkie[2], que eu havia trazido para casa sete meses antes, ficaria conosco.

— Onde o papai vai morar?

— Do outro lado da rua.

Tinha sido uma decisão mútua entre Rob e eu que seria melhor ele encontrar um apartamento perto do nosso. Nosso casamento estava terminando, mas isso não significava que quiséssemos ficar o mais longe

---

2 Raça de cães híbrida.

possível um do outro, e não íamos deixar que o divórcio separasse nossos filhos do pai ou da mãe.

Nós olhamos para Chloe para ver como ela estava reagindo a tudo isso. Ela estava bem. "Sabe", disse ela, "vocês dois não tem agido como um casal há muito tempo, então não vai ser tão diferente."

E não foi, não mais do que os preparativos do divórcio foram diferentes do nosso casamento – sem maldades, sem drama, sem brigas vingativas, sem golpes baixos, tendo certeza de que a cada passo do caminho tratávamos um ao outro e a nosso casamento com o respeito que nós e nossos 21 anos juntos mereciam. Era importante para nós ter o que chamávamos de um "divórcio evoluído". Não víamos nenhuma necessidade para a comum *"Guerra das Rosas"* em que tantos casais caem. Nós ainda nos amávamos. Ainda nos importávamos profundamente um com o outro. Nós só não queríamos mais estar casados. Acima de tudo, queríamos mostrar a nossos filhos que o divórcio não tem de ser feio e cáustico. Nós podíamos fazer e faríamos de outro modo, melhor.

Então, lá estava eu, pedalando em *SoulCycle*, quase com 48 anos e solteira de novo, pela primeira vez, em mais de duas décadas. Eu me sentia otimista e triste, confiante e insegura, pensando em namorar, pensando em não namorar, tentando imaginar como seria minha vida em alguns anos quando meus filhos estariam na faculdade e começando suas próprias vidas. E eu odiei, mas também estava lutando com um sentimento completamente desconhecido, algo que estava trabalhando na terapia: com o fim do meu casamento veio um sentimento de fracasso.

Tive a ideia de perfeição como em um plano de jogo de quando tinha cinco anos, e essa foi minha estratégia para passar pelo primeiro divórcio de meus pais. (Eles acabaram se casando e depois se divorciando de novo quando eu tinha 22 anos.) Quando meu pai saiu de casa, decidi que se eu sempre fizesse tudo para ser o mais perfeita possível, ele teria orgulho de mim, ele sempre me amaria e nunca, jamais, me deixaria. Isso devia funcionar, certo? (Mas precisei de muita terapia para entender isso. Aos cinco anos isso foi puro instinto da minha parte.)

Isso não só funcionou, pois meu pai, minha mãe e meu irmão mais novo, Evan e eu, sempre fomos e seremos próximos, mas esse mecanismo para lidar com dificuldades me ajudou bastante. Desde essa tenra idade, minha segunda natureza foi estabelecer padrões elevados para mim mesma e trabalhar duro para alcançá-los, e assim fiquei acostumada a ter sucesso em praticamente todos os desafios que enfrentei. Depois de me formar em História da Arte pelo Columbia College, da Universidade de Columbia, fiz o curso universitário preparatório para estudar medicina, também na Columbia. No terceiro e último ano, eu estava fazendo pesquisa em um laboratório na Columbia em farmacologia cardiovascular quando fui apresentada a um cirurgião simpático, carismático e amigável chamado Robert Ashton. Eu tinha 25 anos. Ele tinha acabado de completar 30 e estava fazendo um ano de pesquisa durante a residência médica em cirurgia geral no laboratório de seu bom amigo e mentor, Dr. Mehmet Oz. Rob não só me convidou para sair. De um modo surpreendente para mim, ele me convidou para sair duas noites seguidas. "O que você vai fazer na sexta e no sábado à noite?" Funcionou. Completamente. Ficamos noivos dez semanas depois. Ele gostava de dizer às pessoas: "Se eu não soubesse que ia me casar com ela, nem teria havido um segundo encontro".

Nosso namoro foi mesmo uma bela história de amor, e nos casamos no ano seguinte. Parecia um destino dos sonhos. Meu pai era um cardiologista em Nova York. Minha mãe era uma enfermeira-padrão. Meu irmão, Evan, tinha se candidatado à escola de medicina e logo estaria a caminho de se tornar Chefe de Cirurgia Reconstrutiva e Plástica no Centro Médico Montefiore, no Bronx. Eu estava estudando para ser médica e ia me casar com um médico. A perfeição estava ficando mais perfeita a cada minuto.

Comecei a faculdade de medicina na Columbia três meses depois de nos casarmos, enquanto Rob continuou a residência em Pittsburgh. Depois de dois anos casados, decidimos começar uma família. De acordo com meu padrão de dominar a tarefa à frente, fiquei grávida um mês depois. Passei minha primeira gestação indo e vindo de Pittsburgh para ver Rob e, então, duas semanas depois de nosso filho nascer, Rob se mudou de volta para Nova York para começar a especialização prática em cirurgia cardiotorácica na Columbia. Tirei oito semanas de licença depois do nascimento de Alex, e 17 meses mais tarde, Rob e eu tivemos a alegria de apresentar Alex a sua linda irmã mais nova, Chloe.

Nesse meio tempo, ainda estava no jogo de provar a mim mesma que eu realmente podia ter tudo e fazer tudo. Fui eleita presidente de minha classe na escola de medicina por quatro anos seguidos. Apesar de ir e vir de Pittsburgh nos primeiros meses do casamento, ter dois bebês e tirar três meses de licença, eu terminei junto com os outros e fiquei entre os 20% melhores da minha classe. Depois da graduação, recebi o prestigioso prêmio Herbert Bartlestone por Excelência em Farmacologia. Depois da minha residência em Ginecologia e Obstetrícia em Nova York, montei um consultório bem-sucedido que chegou a ter mais de três mil pacientes. Vários anos depois, sem deixar de lado meu consultório, comecei a participar de programas de TV como correspondente médica. Uma semana depois de minha primeira aparição no ar, recebi uma oferta de um contrato de TV com o canal Fox News, o que levou a contratos de redes de notícias com a CBS News e, em 2012, a *ABC News Network*. Eu era vista regularmente em programas como *Good Morning America, Dr. Oz* e *The Doctors*. Fui autora e coautora de alguns livros sobre saúde feminina e nutrição e, em meu inexistente tempo livre, cursei um mestrado em nutrição e passei no exame de credenciamento do Conselho Americano de Especialidades Médicas para a especialidade de obesidade. Nunca negligenciei minha obsessão por exercícios, competindo em alguns triatlos, fazendo uma corrida de bicicleta de 110 quilômetros no Colorado com o Rob, e me exercitando na *SoulCycle* e na sala de ginástica do nosso prédio com meu *personal trainer*, Cliff. E, sim, obrigada por perguntar: eu às vezes praticava mergulho autônomo recreacional e tinha quatro certificações de mergulho da PADI (Associação Profissional de Instrutores de Mergulho). Eu também era, é claro, uma orgulhosa e ativamente envolvida esposa e mãe, casada com um bem-sucedido cirurgião torácico, com uma família absolutamente linda e um milhão de fotos para provar.

Em outras palavras, eu era realmente a Mulher Maravilha. Ouça o meu grito. Pesquise "Personalidade Tipo A" em qualquer livro de psicologia e estarei lá, sorrindo para você. Eu amava cada minuto.

Era uma alegria, não um fardo, viver à altura de minhas próprias expectativas incrivelmente altas. No papel, eu até meio que invejava a mim mesma.

Mas agora, deixando de lado a imagem e a percepção do público, não tinha como negar: meu casamento estava acabado. O divórcio era definitivo. Não era culpa de ninguém e não importava quanto Rob e eu tivéssemos nos esforçando para dar um jeito, nem quanto tivéssemos lidado amigavelmente com as coisas. Resumindo, de um jeito ou de outro, eu tinha fracassado. Eu sabia disso, meus filhos sabiam, minha família sabia, nossos amigos sabiam e logo todas as outras pessoas também saberiam. Queria não me importar com o que os outros sabiam, pensavam e sentiam a respeito disso. Mas me importava.

Eu tinha muito trabalho a fazer. Ao mesmo tempo, não podia perder de vista tudo pelo qual deveria ser grata. Nossos filhos tinham passado pelo divórcio realmente bem porque, graças à Dra. Simring, Rob e eu também tínhamos lidado bem com isso. Rob tinha deixado sua carreira cirúrgica de um modo abrupto, em 2012, e passado para uma carreira em negócios de biotecnologia e medicina, o que parecia deixá-lo feliz. Socialmente, ele tinha começado a namorar alguns meses antes, fazia exercícios regularmente e cuidava bem de si mesmo. Apesar disso, ele parecia não estar bem quando liguei na terça-feira sobre um detalhe no seguro de saúde. Perguntei se ele estava bem, e ele respondeu sem dar muita importância: "Sim, são só umas coisas no trabalho". E na quarta-feira à noite, mamãe e eu tínhamos encontrado com ele no jogo de hóquei no gelo da Chloe, o último jogo em casa da temporada. Tiramos fotos de família e nos sentamos juntos no jantar no rinque depois do jogo, quando Chloe lhe deu de presente um boné branco de Lawrenceville, que ele queria há meses. Ele parecia estar se divertindo, mas quando mamãe e eu estávamos sozinhas no carro a caminho de casa, disse que achava que ele não parecia muito bem. E ela concordou comigo.

Por outro lado, ele mandou mensagens de texto na quinta e na sexta-feira para perguntar como Alex estava passando com a gripe e acrescentou: "Estou no trabalho, mas me diga se precisar de alguma coisa. Eu posso sair". Eu agradeci e garanti que isso não era preciso.

Tínhamos muito Tamiflu e comida em casa, eu estaria por perto o dia inteiro e o manteria informado sobre nosso filho. Obviamente, Rob estava bem. Não havia motivo para preocupações. E isso era um outro lembrete de que, com divórcio ou sem divórcio, ele e eu sempre, *sempre* poríamos nossos filhos em primeiro lugar, e sempre trabalharíamos juntos para ter certeza de que eles teriam tudo que precisassem. Eu me sentia muito grata.

Na verdade, eu tinha muito a agradecer e precisava ficar concentrada em contar as minhas bênçãos. Alex e Chloe eram ótimos. Minha vida profissional, dedicada à saúde feminina e a ajudar as pessoas em geral, era ótima. Meus pais, meu irmão, meus colegas, meus funcionários, meus pacientes e meus amigos eram ótimos. Com a ajuda e o apoio deles e da Dra. Simring, eu ficaria ótima também. Física, mental e financeiramente, eu estava forte e saudável e sabia como cuidar de mim mesma. Eu tinha muita sorte de ter duas ótimas carreiras que me davam independência financeira. O que quer que esse novo capítulo da minha vida tivesse reservado para mim, eu poderia lidar com isso, porque esse era meu padrão autoprogramado. Eu podia fazer isso e me sair bem.

Quando a minha aula de bicicleta acabou, estava reenergizada e pronta para o futuro. Saí da *SoulCycle* e fui para casa, preparada para atacar o resto do meu dia. Eu não tinha ideia, nem mesmo um leve toque de premonição, de que se passariam meses antes de eu poder voltar ali novamente.

EU ESTAVA SAINDO DO CHUVEIRO, UM POUCO ANTES DAS 10 HORAS, quando o interfone tocou. Eu atendi e ouvi a voz familiar do porteiro do prédio.

"Dra. Ashton", disse ele, "tem três detetives que estão subindo até o seu apartamento".

Três detetives? O quê? Eu congelei. O que os detetives podiam querer comigo? Eu sigo as regras. Não crio confusões, muito menos confusões com a lei. Só de pensar nisso já me deixa horrorizada. Isso era obviamente algum engano. Eu não tinha feito nada.

Ah! Quer dizer...

Eu tinha saído para jantar na noite anterior com Lisa Oz. Lisa e o marido, Dr. Mehmet Oz, eram bons amigos de Rob e meus há mais de

20 anos, tão íntimos que sou madrinha de um dos seus filhos, e Lisa é a madrinha do meu filho. Tivemos uma refeição calma e relaxante, mas depois, a caminho de casa, por descuido ou exaustão ou coisas demais na cabeça ou outro motivo, sem desculpas, eu fiz uma conversão proibida. Fui parada, fui multada, eu mereci, fim da história. E agora uma equipe de detetives estava vindo para minha casa. Sério? Desde quando a polícia de Fort Lee tem tanto tempo sobrando que enviam detetives para acompanhar uma multa de trânsito? Isso era ridículo.

A campainha tocou. Respirei fundo e caminhei, quase marchei, para responder, esperando que não tivesse acordado meu filho.

Os três detetives à paisana na porta pareciam sérios e pouco amigáveis. Com certeza, eu também.

— Dra. Jennifer Ashton? – perguntou um deles.

— Sim. Qual é o problema?

Em vez de responder a minha pergunta perfeitamente razoável, eles me mostraram os distintivos, e o porta-voz do grupo explicou:

— Somos da Polícia da Autoridade Portuária e precisamos falar com a senhora. Vamos entrar e sentar.

Eu fiquei ainda mais confusa. A Polícia da Autoridade Portuária? Que cuida de túneis, pontes, terminais de ônibus... *O quê?*

— Qual é o problema? – repeti. — O que é isso?

Ainda não me responderam, só repetiram com voz firme

— Senhora, precisamos mesmo entrar e nos sentar.

Eu os levei para a sala de estar, mais ansiosa a cada passo, e me sentei na ponta da cadeira mais próxima, enquanto o detetive porta-voz sentou-se no divã à minha frente, a 30 centímetros de mim. Desisti de fazer perguntas e fiquei olhando para ele em silêncio.

Ele foi direto ao ponto.

— Dra. Ashton, encontramos um pedaço de papel com seu nome e número de telefone, e as palavras "ligue para minha esposa" nos restos mortais do seu marido.

Eu já tinha caído de joelhos e desabei em cima dele ao ouvir as palavras *restos mortais*. Eu fiquei imediatamente em choque, histérica, incapaz de entender, impossibilitada de fazer ou dizer qualquer coisa além de gritar: "Não!" sem parar.

A próxima coisa de que me lembro é de Alex saindo correndo do quarto e se ajoelhando do meu lado. Por algum motivo, ele achou que algo terrível tinha acontecido com o meu pai.

— Mãe, é o vovô?

Eu o apertei, repentinamente consumida pelo pensamento "Ai, meu Deus, meu pobre Alex!" Eu o abracei, apertei forte e solucei:

— Alex, é o papai! É o papai.

O detetive ainda tinha de cumprir o resto de seu trabalho. Ele manteve sua voz calma e aumentou o horror quando respondeu uma pergunta que eu nem tinha pensado em fazer.

— Parece que mais ou menos às 8 horas e 30 minutos da manhã de hoje, o Dr. Ashton pulou da ponte George Washington e tirou sua vida. O corpo dele foi encontrado no Hazard's Dock logo depois que ele pulou, com o bilhete para contatar a senhora no bolso.

Eu fiquei entorpecida. Como compreender o incompreensível? Rob não tinha só morrido. Ele tinha se matado. Eu me lembro como se fosse ontem da sensação de ser atropelada de uma só vez por muitos fragmentos desconexos de pensamentos.

A ponte George Washington. Metade do nosso apartamento dava vista para essa ponte. Rob sabia que Alex estava em casa comigo. Ele sabia que eu estaria acordada nesse horário. E se um de nós (ou os dois) tivesse olhado pela janela na hora em que ele pulou? Por outro lado, se estava determinado a acabar com a própria vida, ele nunca teria escolhido uma maneira em que Alex ou Chloe ou eu o encontrasse.

Eu passei de carro por essa ponte às 8 horas e 13 minutos. Vinte minutos antes dele se matar. E se eu tivesse passado por ele enquanto andava em direção à ponte e não tivesse parado? E se o visse no exato momento em que estava subindo para o parapeito, tarde demais para salvá-lo, e o visse desaparecer? Isso ainda me dá pesadelos.

Enquanto estava na *SoulCycle*, concentrada na aula de *spinning* e no resto da minha vida, Rob estava sozinho, acabando com a dele.

Eu não conseguia entender. Não tenho treinamento formal como psicóloga, mas todos os médicos conhecem os sinais clássicos de depressão. Rob não tinha nenhum deles. A Dra. Simring até tinha perguntado em uma sessão de terapia se algum de nós pensaria em se suicidar. Minha resposta foi "Não". A de Rob foi "De jeito nenhum".

Eu ainda estava abraçando o meu filho, com mais pensamentos do que eu conseguia começar a dar conta, quando o detetive que tinha trazido a notícia me estendeu um cartão de visitas e me disse para ligar se precisasse de alguma coisa. Ele e seus colegas disseram que sentiam muito pela nossa perda e foram embora. Eles foram mesmo muito gentis. Que trabalho difícil eles tinham.

Quando ficamos sozinhos, Alex e eu desabamos juntos no sofá. Nós dois estávamos chorando. Não havia palavras. Em certo momento, ele deu um soco na mesa de centro, mas estava mais controlado do que eu e tentava me confortar, enquanto seu coração estava partido. A histeria me atingia em ondas, e eu precisava de ajuda. Eu era a mãe. Eu não podia deixar meu filho cuidar de mim e tinha de falar *agora mesmo* com minha filha em Lawrenceville.

Peguei o telefone, mas minha mão estava tremendo demais e não consegui discar.

— Ligue para o seu tio – eu disse a Alex.

Evan chegou em 15 minutos, minha rocha, e assumiu a situação. Não podíamos deixar que Chloe soubesse por outra pessoa, e ela precisava estar conosco. Evan ligou para a técnica de hóquei no gelo, Nicole Uliasz, colocou-a a par rapidamente e pediu:

— Segure-a com você e, obviamente, não conte nada a ela. Estou indo buscá-la.

Na hora em que ele desligou, Alex disse:

— Eu vou com você.

Se estivesse pensando com clareza, eu teria saído atrás deles quando se apressaram a buscar Chloe. Em vez disso, na minha histeria, eu só conseguia pensar "Não posso deixar que ela me veja assim". Pedi que eles contassem o mínimo possível a ela, além de que Rob tinha morrido, para que eu fosse a pessoa a lhe contar os detalhes horríveis.

Chloe estava pensando em vir para casa nesse fim de semana. Ela tinha mandado uma mensagem para Rob na noite anterior, perguntando "Se eu for para casa no sábado à noite, você pode me trazer de volta a escola no domingo?" Ele respondeu "Não, sinto muito".

Ela disse a ele que estava tudo bem, e ficou um pouco surpresa quando ele respondeu "Sinto muito mesmo, Chloe". Eles haviam tido momentos especialmente bons no domingo anterior quando Rob a levou e a buscou no jogo de hóquei no gelo. Eles conversaram o caminho todo sobre tudo desde o amor que compartilhavam sobre história até como seria a tecnologia dali a 20 anos, sem deixar de lado o teatro na escola. E também teve o jogo na quarta-feira a que todos nós assistimos, quando ela o presenteou com o boné branco de Lawrenceville. Então, por que dizer "Eu sinto muito mesmo, Chloe?" Não era tão importante assim.

Sem conseguir imaginar o motivo, ela foi dormir naquela sexta à noite sentindo-se tão triste que estava quase chorando. Ainda estava triste, para baixo, como se algum peso enorme estivesse sobre ela quando acordou no dia seguinte e foi para a aula. Sempre tinha sido uma garota feliz, que não fazia dramas. Ela nunca tinha se sentido desse jeito antes na vida e ficou tentando se livrar do sentimento. Nem disse nada quando – como o pai não estava disponível – me mandou uma mensagem de texto de manhã para perguntar se eu podia trazê-la para casa e levá-la de volta à escola no dia seguinte. Nós trocamos algumas mensagens. E aí, inexplicavelmente para ela, por volta das 10 horas, eu parei de responder às mensagens.

Então, quando Alex e o tio, Evan, apareceram no apartamento da técnica de hóquei, ela ficou um pouco surpresa, mas logo chegou à conclusão lógica de que eles estavam ali para buscá-la porque algo tinha inesperadamente roubado o dia.

Ela ficou em alerta vermelho quando, em vez de cumprimentá-la com seu usual "Oi", Alex disse que se sentasse. Ela fez isso, desconfortável, com um olhar irritado previsível por ele estar mandando nela. Evan sentou-se ao seu lado e disse: "Tenho algumas notícias bem ruins para você".

Ela pensou a mesma coisa que Alex – que o avô tinha morrido – até que Evan respirou fundo e continuou: "Chloe, houve um acidente, e eles não puderam salvar seu pai".

Chloe me disse tempos depois que se sentiu repentina e completamente separada de toda essa cena, como se estivesse acontecendo a outra pessoa e que, de algum modo, irracional e inexplicável, sua mente pulou direto para "E agora, quem vai me levar ao altar?"

Começou a fazer perguntas enquanto Evan e Alex a apressavam a sair do apartamento. Eles não respondiam, só ficavam dizendo coisas como "Ainda não sabemos" e "Vamos descobrir mais quando chegarmos em casa". Ela passou uma hora e meia até chegar em casa juntando as histórias em sua cabeça sem ter informações suficientes e, finalmente, chegou a um cenário em que o pai tinha sofrido um acidente de carro, os médicos ou paramédicos tinham feito alguma coisa errada, e perdera o pai por causa do erro de outra pessoa.

Quando, enfim, a levei para o quarto e disse: "Chloe, o papai se matou. Ele pulou da ponte", é que percebi que modo horrível de descobrir a verdade tinha sido esse. Até hoje me arrependo de não ter entrado no carro com Evan e Alex e ir buscá-la. Eu devia ter sido a primeira a entrar no apartamento da técnica de hóquei e contar-lhe o que tinha acontecido. Tudo. Ela devia ter ouvido de mim. Não foi assim. Eu falhei no momento mais difícil que ela já teve e sempre vou sentir remorso.

Tinha conseguido dar alguns telefonemas e enviar algumas mensagens depois que Evan e Alex saírem e, na hora em que eles chegaram com Chloe, o apartamento estava se enchendo de gente.

Minha mãe morava três andares abaixo de nós no mesmo prédio. Ela ficou assustada ao ver minha aparência quando abri a porta. Eu lhe contei sobre Rob, e ela desabou.

Meu melhor amigo, Michael Asch, um empresário bem-sucedido em Nova York que conheço desde o oitavo ano, chegou à minha casa em menos de uma hora.

Meu pai chegou logo depois, vindo de seu apartamento na cidade.

Depois veio minha melhor amiga, Alice Kim, uma médica cuja irmã, também médica, tinha se suicidado seis meses antes.

A administradora da minha clínica, Carole, meu braço direito por mais de dez anos, e Ana, minha enfermeira desde 2004, tinham conhecido e amado Rob e nossos filhos há tanto tempo quanto me conheciam e me amavam. Elas souberam da notícia e imediatamente começaram a soluçar, mas como a família que são para mim, elas assumiram a terrível tarefa de fazer e receber uma avalanche incessante de telefonemas. Elas se controlavam, discavam o próximo número, ouviam a pessoa do outro lado da linha desabar quando explicavam o motivo do telefonema, terminavam delicadamente a conversa com algumas palavras de conforto, e a garantia de que Alex, Chloe e eu estávamos indo "tão bem quanto possível", desligavam, desabavam de novo, se controlavam e seguiam para o próximo telefonema. Tenho certeza de que foi doloroso, mas elas não hesitaram em fazer isso, nem por um minuto.

Lisa Oz estava lá. Rob tinha sido como um irmão para ela. Lisa é uma das mulheres mais fortes que já conheci, e não conseguia parar de chorar.

Barbara Fedida, vice-presidente sênior de *Talent and Business* da *ABC*, uma amiga próxima e colega há oito anos, sentou-se comigo e segurou minha mão enquanto eu soluçava.

As flores começaram a chegar. Pessoas trouxeram comida. As notícias se espalhavam rapidamente trazendo tristeza e total descrença. Alguém teve o bom senso de fechar as persianas e cobrir a vista sombria da ponte George Washington.

Houve lágrimas e abraços e apoio ao meu redor, mas ainda estava em choque demais para absorver ou mesmo me conectar com isso, como se estivesse observando todos os acontecimentos pelo lado errado de um telescópio.

Evan e Alex foram até o apartamento de Rob para alimentar os labradores e dar uma volta com eles. Enquanto estavam lá, Alex encontrou o boné branco de Lawrenceville que Chloe tinha comprado para Rob há três noites, ainda na sacola, com a etiqueta de preço ainda pendurada, como se ele soubesse o que faria e tivesse preferido nem o usar.

Alex também encontrou três bilhetes curtos de Rob, um para cada um de nós. O meu começava com "Em primeiro lugar, a culpa não é de ninguém". O de Chloe terminava com uma frase que ele dizia a ela desde os cinco anos, algo que ele dizia antes de todos os jogos de hóquei, ou mandava por mensagem antes dos jogos a que não podia assistir: "Patine firme e se divirta".

Ela desabou quando leu isso.

EM MEIO A ESSA NÉVOA DE CONVERSAS, TELEFONEMAS E LÁGRIMAS, só dois momentos realmente penetraram a densa neblina que me rodeava.

Um foi quando estava sozinha no meu quarto com o meu irmão. Eu, finalmente, disse a ele exatamente o que estava sentindo e o que imaginava que todos estivessem pensando: "A culpa é minha". Ele colocou as mãos nos meus ombros, olhou direto nos meus olhos e disse: "Jen, você é uma médica, eu sou médico, Rob era médico. Ele teria feito isso casado ou não com você. O divórcio não faz ninguém cometer suicídio. A realidade é que você não pode deixar que isso a destrua".

O outro foi no momento em que eu estava sozinha no meu banheiro com Chloe que, de repente, começou a chorar do fundo da alma: "Ai, meu Deus, mamãe, por favor, não me abandone".

Até hoje essa é uma das minhas lembranças mais doídas. Eu a abracei e segurei com toda a força que tinha. "Eu nunca vou te abandonar", prometi. "Não vou deixar você."

Evan estava certo. Eu não podia deixar que isso me destruísse. Agora meus filhos só tinham a mim. "Você não pode deixar que isso a destrua" tornou-se meu mantra. Meus filhos se transformaram na minha única razão de levantar da cama pela manhã, para não deixar que eles me vissem desmontar completamente e tivessem medo de me perder também. Especialmente nas primeiras 24 horas, e depois daquele dia, estava totalmente concentrada em me controlar e cuidar deles em vez de deixar que, além daquele pesadelo injusto pelo qual eles estavam passando, ainda sentissem que tinham também de cuidar de mim. De um jeito ou de outro, faria o que fosse preciso e *não* permitiria que isso acontecesse.

É muito mais fácil falar do que fazer, mas Alex, Chloe e eu estávamos no consultório da Dra. Simring no dia seguinte. Michael Ash tinha ligado para ela horas depois do acontecido para contar sobre o suicídio de Rob. A Dra. Simring já havia lidado com pessoas que sobreviveram ao suicídio de um ente querido. Ela era uma sobrevivente, pois quando estava no 6º ano, um primo de quem era muito próxima se matou com um tiro na cabeça. A sua família lidou muito mal com isso. Na verdade, não soube nada a respeito até ir para a escola no dia seguinte e uma colega lhe mostrar um artigo de jornal sobre a morte do primo em "Acontecimentos Atuais". Aprendeu pessoal e profissionalmente que, por mais difíceis que sejam a morte e o luto, o suicídio os torna ainda mais difíceis porque é muito estigmatizado e, muitas vezes, é resultado de depressão clínica, ou seja, uma doença mental, que também é um estigma.

E é claro que a morte de Rob foi especialmente chocante para ela. Não o via há cerca de seis meses e não tinha uma avaliação atual, mas havia passado mais de um ano com ele, quando nós estávamos tentando consertar nosso casamento. Ela gostava dele e não tinha percebido que isso poderia acontecer. Pensou imediatamente no que meus filhos e eu precisaríamos, e sabia que precisaríamos disso com urgência, como se tivéssemos um ataque cardíaco e precisássemos ir a um Pronto-Socorro equipado para atender a urgências. Por isso, cancelou seus planos para o domingo, a fim de estar disponível quando nós pudéssemos encontrá-la. A Dra. Simring foi uma enviada dos céus. Nos falou um pouco sobre as respostas "normais" diante de um suicídio – a responsabilidade, a culpa, o choque, a raiva, o desespero, o sentimento de ser rejeitado, os "e-se" – e explicou que passar por todos eles e reconhecê-los como normais em vez de questioná-los, e de sentir-se culpado por eles é um dos passos mais difíceis na direção da cura. Ela me deu algumas coisas para ler, quando e se eu me sentisse pronta, para me ajudar a começar a entender o inimaginável "por quê?" do suicídio. Mas, acima de tudo, ela nos deu um lugar seguro para apenas expressar o fluxo avassalador de emoções intensas e desconhecidas em que nos afogávamos, sem julgamento, sem revisão e sem tentar aplicar lógica ou encontrar sentido nelas.

Era exatamente o que precisávamos, quando nem conseguíamos começar a saber quanto precisávamos disso. Pensei que a sessão tinha durado uma hora. Mais tarde, descobri que tinha demorado mais de três horas. Ainda estava em choque, obviamente, ainda sentia tudo e nada ao mesmo tempo, mal conseguia funcionar, praticamente sem dormir desde a noite infindável anterior para me ajudar a continuar.

As pessoas continuavam a chegar durante toda a noite do sábado. Alguns dos amigos mais próximos de Alex apareceram, entre eles Tara, sua melhor amiga do ensino médio, que voou de St. Louis, onde ela cursava a faculdade, no minuto em que soube das notícias. Cinco das melhores amigas de Chloe dirigiram três horas com os pais para estarem ali e passaram a noite com ela. Sabendo que meus filhos estavam rodeados por muito amor e apoio, eu ,por fim, desapareci no meu quarto e desabei na cama. Sempre dormi bem, mas naquela noite, deitada ali no silêncio escuro com os olhos fechados, descobri que minha mente não se importava nem um pouco com a exaustão do meu corpo. Estava ocupada demais girando em círculos para me deixar descansar.

Suicídio. Rob tinha morrido por suicídio. Eu não conseguia acreditar nisso. Como aquele homem gentil poderia fazer deliberadamente algo tão violento, aterrorizante e isolado? O que poderia tê-lo levado a estar tão determinado a acabar com sua vida, que isso superou o instinto de sobrevivência mais básico do ser humano? O amor que ele sentia por nossos filhos era muito profundo. Infinito. Incalculável. A dor que o levou a pular daquela ponte deve ter sido enorme para ofuscar todo aquele amor, tão enorme que não pode acessá-lo e não pode fazê-lo parar e dizer: "Não posso fazer isso com eles".

O divórcio? Tinha sido isso que lhe causou uma dor tão imensa? Não podia ser. Ele parecia ter aceito bem. Nem parecia dar muita importância a isso. Estava sentada bem ali e ouvi quando ele respondeu à Dra. Simring, quando ela nos perguntou se estávamos tendo algum pensamento suicida: "Não. De jeito nenhum". Será que ele mentiu para ela? Ou alguma coisa aconteceu e o fez mudar de ideia?

Nunca saberemos, porque a única pessoa que podia nos dizer e responder as inúmeras outras perguntas que iam aparecer não estava mais ali, e nunca mais estaria. Como isso era possível? Será que ele estava em paz agora? Será que era assim que funcionava? Assim espero.

Tinha sido realmente naquela mesma manhã que eu estava na *SoulCycle*, preocupada com como seria a minha vida após o divórcio, e como o divórcio era a pior coisa que já me acontecera, e descobrindo meu caminho através do sentimento de ser um fracasso para reconquistar meu otimismo? Parecia ter acontecido em uma vida passada. Me sentia um fracasso naquela manhã? É mesmo? Multiplique isso por um milhão...

"Você não pode deixar que isso a destrua."

"Ai, meu Deus, mamãe. Não me abandone."

O pai dos meus filhos estava morto. Meus filhos tinham perdido o pai. De repente, eu era tudo o que eles tinham. Isso me deixou incrivelmente triste e completamente apavorada.

Nunca fui uma dessas pessoas que pensa muito sobre a morte. Achava que era inevitável, e não era algo que eu desejasse especialmente, mas não era algo no qual pensasse com frequência e, certamente, não era algo que eu considerasse um medo ativo. Agora, do nada, o medo de morrer e deixar meus filhos sem os pais pairava sobre mim. Não podia deixar que isso acontecesse. Se fosse preciso me tornar a pessoa mais cautelosa do planeta, se fosse preciso nunca mais andar no banco traseiro de um táxi sem o cinto de segurança e, seguramente, se fosse preciso desistir do mergulho – o que quer que fosse necessário, por muito ou pouco que eu tivesse, Alex e Chloe não seriam órfãos. Órfãos? Ai, meu Deus, qual mente estava me dominando e me fazendo dizer essa palavra terrível? Em que inferno estava vivendo de repente?

A partir dessa noite, e pelas semanas seguintes, acho que não dormi por mais de duas horas seguidas. Não podia dormir. Não podia comer. Não me reconhecia e não reconhecia a minha vida em toda essa escuridão. Talvez fosse porque, a 12 horas antes, eu não estivesse mais inteira. Talvez fosse porque, a 12 curtas horas antes, eu tivesse sido completamente despedaçada.

CAPÍTULO DOIS

NA MANHÃ SEGUINTE, O SUICÍDIO DO DR. ROBERT ASHTON estava no noticiário nacional. Os editores da revista *People*, da *Newsweek*, CNN e os jornais locais de Nova York estavam todos contatando a ABC ou minha assessora de imprensa, Heidi Krupp Lisiten, querendo uma entrevista comigo ou, pelo menos, um comentário.

Não penso em mim como uma celebridade ou figura pública. Mas quase uma década na TV vem com um holofote, quer você perceba isso ou não, e a combinação do holofote com a palavra *suicídio* atrai a imprensa como uma chama atrai mariposas. As manchetes inevitáveis eram, na maioria, escandalosas e sugestivas, variações do tema básico "Cirurgião pula para a morte depois de divórcio da esposa personalidade da TV". Em outras palavras, "A culpa é dela, caso encerrado. Esperamos que ela se culpe porque merece isso". Sem problemas aqui. Eu, certamente, me culpava, e a dor era insuportável.

A ABC e Heidi foram gentis, vigilantes e muito protetoras em relação a mim e a meus filhos quando se tratou de nos proteger da mídia. Eles acharam que seria bom satisfazer ao menos parte da curiosidade do público. Aconselharam que eu postasse um reconhecimento na mídia social o mais depressa possível e, com a ajuda deles, e também de Alex e Chloe, postei uma bela e feliz foto de família de Rob, nossos filhos, meus pais e eu, junto com as palavras "Nossos corações estão partidos pelo fato de o pai de meus filhos adolescentes ter tirado a própria vida ontem".

Nesse ponto, não me importava mais com as tecnicalidades legais do que Rob fez quando se referiu a mim como sua "esposa" no bilhete que deixou para a polícia encontrar quando recuperassem seu corpo.

Não ia me referir a ele como meu "ex-marido". Isso parecia arcaico e desrespeitoso, para não dizer dolorosamente irrelevante. Ele não era meu ex-marido, ele era o Rob. Meu parceiro pelos últimos 21 anos da minha vida. Meu amigo íntimo. Meu companheiro na aventura de sermos pais. Mais do que tudo, era o que sempre será: o pai gentil, envolvido e adorado dos meus filhos. Além disso, o foco devia estar em Alex e Chloe, não em mim. Depois de alguns rascunhos, eu postei a frase como escrevi.

Não fiquei por perto para ler os comentários. Estou nas mídias sociais há tempo bastante para saber que alguns comentários serão sinceros e compassivos, enquanto muitos outros serão alegremente acusadores e totalmente maldosos. Meus filhos leram muitos deles e me protegeram de muitos. Eu fiquei grata, mas nos dias que se seguiram à morte de Rob, posso sinceramente dizer que já estávamos em nosso ponto de saturação no que se referia à dor, e os que atacavam nem mexiam o ponteiro. E no final, Alex e Chloe se sentiram como eu sobre as inúmeras pessoas cujo *hobby* é ser anonimamente cruel na internet. Seja você quer for, temos genuinamente pena por sua vida ser tão vazia e infeliz, que é assim que você escolhe se manifestar em grupo. Nós não nos envolvemos, nem nos deixamos atrair para várias discussões sem sentido. Só respondemos simplesmente "Obrigada pela informação".

Desde o primeiro dia, passando pelos dias de luto desorientado e as três noites de *shivah*, nunca ficamos sozinhos. Em todos os momentos, havia de 10 ou 15 pessoas a, talvez, 100 pessoas conosco, além de comida suficiente para alimentar um cruzeiro por uma semana, literalmente dúzias de arranjos de flores e uma avalanche de cartões de condolências. Sabia que esses cartões tinham todos boa intenção, mas não consegui abrir nenhum deles naquele momento – por mais sinceras que fossem as mensagens, pareciam ser um lembrete infinito de que algo inexprimivelmente horrível acontecera com a minha família.

Meus pais; meu irmão e minha cunhada, e até alguns amigos deles; Carole e Ana, do meu consultório; o Dr. Mehmet e Lisa Oz, e alguns outros casais amigos meus e de Rob; amigos e colegas da ABC; dezenas de minhas pacientes; colegas de escola de Alex; técnicos e colegas da equipe de hóquei no gelo de Chloe, até mesmo jogadoras e técnicos de times contra os quais ela tinha jogado; não só os amigos de meus filhos, mas também os pais deles – mais pessoas do que posso começar a nomear ou mesmo lembrar estiveram em nosso apartamento, muitas deles deixando de lado seu próprio pesar com a morte de Rob para oferecer a ajuda de que precisássemos.

É incrível, mas em certo momento me encontrei em minha sala de estar com três outras sobreviventes ao suicídio de entes queridos. Havia minha querida amiga a Dra. Alice Kim, cuja irmã médica havia se matado apenas seis meses antes; uma de minhas pacientes, cujo marido tinha tirado a própria vida alguns anos antes; e outra mulher, também uma médica, cujo marido tinha atirado em si mesmo há cerca de dois anos.

Isso ainda me surpreende. Vinte anos antes, até onde eu sabia, não conhecia ninguém que estivesse lutando com o suicídio de alguém querido. Agora, nós quatro estávamos juntas na mesma sala. Foi uma percepção trágica e confortadora. Quase sem dizer uma palavra, aquelas três mulheres me deram o mesmo apoio único e valioso que a Dra. Simring tinha a oferecer. Não tinha de explicar nada para elas, nem defender, nem justificar, nem corrigir ou editar o que dizia. Elas haviam estado onde eu estava. Elas sabiam. E sobreviveram. Eu também sobreviveria. Precisava sobreviver por meus filhos, só não conseguia imaginar como.

O maior conforto veio de lugares inesperados. Um jovem, em particular, realmente se destacou. O nome dele era Ormsby e estava um ano na frente de Chloe em Lawrenceville, um rapaz que ela conhecia de vista, mas com quem nunca havia conversado. Ele mandou uma mensagem de texto para ela na noite em que Rob morreu, se apresentou e dirigiu até nosso apartamento para estar com ela no dia seguinte. Ele era um membro de um grupo de estudantes chamado *Friends Helping Friends* (Amigos ajudando amigos), formado por estudantes que tinham passado pela morte de um dos pais. No caso dele, o pai tinha morrido de repente quando Ormsby era mais novo; então, embora não tivesse passado pelo suicídio de um dos pais, vivera uma tragédia chocante que lhe permitia entender a dor de Chloe melhor que a maioria das pessoas. Eles são ótimos amigos até hoje, e ela nunca esquecerá a gentileza dele em relação a uma jovem estranha desesperada. Também não vou esquecer. Ele é um dos muitos que a inspiraram a dizer em certo momento e a dizer um ano e meio depois: "Eu quero ser *esse* tipo de amigo".

Três dos amigos mais próximos de Rob, que se conheciam desde a época da faculdade, apareceram logo cedo na quarta-feira de manhã. Estavam consternados também, é claro, em profunda dor, mas não deixaram que isso interferisse com a razão principal de estarem ali – puxaram Alex e Chloe para um lado e disseram: "Não duvidem nem por um segundo de quanto ele amava vocês. Vocês perderam um pai, mas têm outros três bem aqui". E mantiveram a palavra, com muitas mensagens e telefonemas todas as semanas, sem falhar. Isso significou muito para meus filhos, e teria significado muito para Rob: se eles não podiam ter o pai, pelo menos tinham seus melhores amigos.

Rob sempre lembrava que, por causa de sua especialidade médica, a primeira pergunta que fez aos médicos quando eu estava grávida de Chloe e fizemos um ultrassom para verificar a anatomia dela foi: "O coração dela está bom?" Ele sabia que se o coração dela estivesse bom, ela estaria bem; e o coração se tornou um símbolo especial particular entre os dois. Então, em um momento tranquilo com a mãe de uma amiga do hóquei, no meio de todas aquelas pessoas e todo aquele desespero surreal, atordoado, deixou-a sem ar.

"Eu sempre tenho estes no meu bolso", disse a mãe da amiga, "um para cada filho. Eu nunca disse a ninguém que os carrego, mas simplesmente senti que você precisa de um deles mais do que eu". Ela pôs a mão no bolso, tirou alguma coisa e colocou na mão de Chloe. Era um coraçãozinho de vidro, do tamanho de uma moeda. Isso sempre será um tesouro para ela.

Infelizmente, houve aquela minoria de pessoas que se tornaram memoráveis pelos motivos errados, pessoas com as quais você apostaria que podia contar, mas que foram exemplos do ditado antigo de que você realmente descobre quem são seus amigos – e quem não são – quando uma crise acontece.

Algumas pessoas que insistiam em "estar presentes para nós" mostraram ser pessoas dramáticas que só queriam dizer que estiveram lá, ou fofoqueiros que queriam conseguir todas as informações possíveis, pois nós éramos, afinal de contas, uma história do noticiário nacional. Eram tão transparentes que nem tiveram a decência de serem boas nisso. Isso não ajudou em nada.

Alguns "amigos" diziam: "Você deve querer morrer ao ler as coisas horríveis que os *trolls* da internet estão dizendo sobre você". Puxa, obrigada por lembrar! Isso não ajudou em nada.

Uma mulher que recentemente tinha me contado que estava desesperada para terminar seu casamento me cumprimentou com um abraço gentil e disse: "Quando eu contei ao meu marido o que tinha acontecido, ele disse 'É isso que os homens fazem quando as esposas se divorciam deles. Eles se matam'". Isso não ajudou em nada.

Alguns colegas de Rob, aparentemente, pensaram que seria apropriado me contar como estavam furiosos com ele por ter se matado, usando palavras como *covarde* e *egoísta*. Eu estava lutando com meus espasmos ocasionais de raiva, mas meu coração passou direto para o modo de proteção. Desculpem, pensei, mas estavam falando de um homem que conheciam, um bom homem que, visivelmente, perdera uma batalha solitária e trágica com demônios que nem podíamos começar a entender. Esses homens tinham direito a seus sentimentos, mas não podiam despejá-los em cima dos outros. Isso não ajudou em nada.

E teve um outro amigo próximo de Rob, da faculdade, um homem com quem me importava e de quem gostava nas últimas duas décadas. Ele imediatamente parou de falar comigo no dia em que Rob morreu e, desde então, não falou mais. Nem é preciso imaginar quem teria o voto dele para "a pessoa mais culpada", independentemente de pensar se Rob teria ou não concordado. Em vez de ficar com raiva dele, meu coração dói por ele, mas mesmo assim, isso não ajudou em nada.

Em meio a tudo isso, eu não me escondi, só continuei andando pelo apartamento lotado como se estivesse andando sobre cimento molhado. Eu tomei um medicamento ansiolítico chamado Klonopin, por alguns dias, para tentar colocar alguma distância entre mim e minha intensa dor. Tudo o que realmente importava era ter certeza de que não ia desabar e assustar meus filhos a ponto de pensarem:

"Que ótimo, já não basta termos perdido nosso pai, agora nossa mãe se transformou em um frangalho incoerente". Eu consegui não chorar na frente das pessoas que estavam vindo nos dar os pêsames. Mas de noite, depois de ter certeza de que Alex e Chloe estavam dormindo em seus quartos e rodeados por amigos, eu fechava a porta do meu quarto, deitava na cama e desabava silenciosamente.

Na terceira noite, consegui deslizar para um sono agitado; quando abri meus olhos por um instante, eu juro, Rob estava ali, sentado na beira da minha cama, ao meu lado, olhando para mim. O rosto dele não tinha expressão, mas parecia sereno, sem tristeza nem raiva, sem estresse, sem ressentimento e, indubitavelmente, sem nenhum dos ferimentos inevitáveis causados pelo modo como ele tirou a própria vida. Me lembro dos seus olhos, me lembro da sensação de paz ao seu redor e me lembro que ele usava uma camisa de algodão texturizado cinza.

Nem preciso dizer que isso me assustou. Muito mesmo. Na verdade, não acreditei nos meus olhos. Eu comecei a chorar e dizer: "Não! Não!" e estiquei o braço para pôr a mão no ombro dele. Quando eu estava quase tocando, ele desapareceu.

Nada parecido tinha acontecido comigo antes e nada parecido aconteceu comigo depois. A tentação era escrever como se fosse um sonho, mas a pergunta óbvia ficou na minha mente: e se não foi?

Depois, chegou o relatório da autópsia. Mas eu não consegui ler, então, pedi a um médico amigo que lesse.

Perguntei se mencionava como Rob estava vestido quando se matou.

Mencionava. Logo na primeira página. Rob vestia uma camisa de algodão cinza.

Essa foi toda a confirmação de que precisava. Estou convencida, e sempre estarei, de que isso não foi um sonho. Não foi uma alucinação provocada pelo pesar e pela privação de sono. Não há sombra de dúvida na minha mente de que o espírito de Rob me visitou naquela noite. Ele pode ter vindo se despedir. Pode ter vindo ver como eu estava ou ter vindo me mostrar que a morte de seu corpo físico não significara que seu espírito morrera também – ele estava bem, estava perfeitamente intacto, estava em paz e estava por perto, atento a mim e a nossos filhos.

Qualquer que fosse a mensagem, ele estava lá. Eu sei que estava e me sinto abençoada por tê-lo visto.

Meu amigo médico me disse que o resto da autópsia não tinha nenhuma surpresa.

Não havia drogas no corpo de Rob e apenas um traço de álcool.

O corpo dele foi violentamente destruído pelo salto da ponte. Como médica, sei muito bem o impacto detalhado de uma queda de 60 metros sobre o corpo humano. Eu ainda vejo essas imagens cada vez que fecho os olhos. Mas para piorar o horror, Rob não caiu na água, caiu nas rochas na base de um dos pilares de aço que sustentam a ponte. Nunca saberemos ao certo, é claro, mas nossa especulação é que ele planejou desse modo. Não é incomum que os corpos que acabam no Rio Hudson fiquem desaparecidos, às vezes, para sempre. Por insuportável que fosse nossa realidade, a angústia de passar o resto da vida imaginando o que aconteceu a ele, onde estava e se estava vivo ou morto teria sido muito pior.

Obviamente, não tivemos de imaginar. Rob estava morto. Esse era um fato irreversível, e com esse fato veio o processo inevitável de "cuidar das coisas". Estava quase sem energia, mal conseguindo funcionar, e fiquei especialmente grata por saber o que Rob gostaria e o que não gostaria.

Era uma tradição que nós e um casal de quem Rob e eu fomos muito amigos durante todo o nosso casamento, com as cinco crianças no total, passássemos a véspera de Ano Novo juntos todos os anos. Algumas vezes, tivemos conversas sobre morte, funerais, cremação ou enterro, coisas assim – nada depressivo, realmente, só conversas entre bons amigos sobre um assunto em que todos pensamos, mas que nunca falamos com alguém que não conhecemos bem. Nós quatro estávamos tão à vontade uns com os outros que podíamos até brincar um pouco com isso. O marido do outro casal, por exemplo, deixou claro que não só queria um funeral, mas que desejava que a esposa e eu fôssemos o mais dramáticas possível, gritando, soluçando incontrolavelmente e nos jogando em cima do caixão.

Rob, por outro lado, era claro em dizer que *não* queria um funeral, todas as vezes em que o assunto surgia. Ponto final. Ele achava que eles eram dolorosos, piegas e um total desperdício de dinheiro. queria que seu corpo fosse doado para uma escola de medicina ou cremado, e que eu usasse o dinheiro que teria gasto em um funeral para levar nossos filhos em uma viagem para algum lugar do qual nossa família tivesse lembranças felizes e celebrássemos a vida dele em vez de chorar a sua morte. Essas conversas nunca pareceram depressivas quando aconteceram. Acho que nunca as conectei com a realidade, nem imaginei que eu poderia sobreviver a ele. Com 18 anos, Alex não era mais menor de idade e era o parente consanguíneo mais próximo. Nós fizemos os preparativos com base no que Rob tinha dito enfaticamente que queria. Doar o corpo de Rob para uma escola de medicina não era uma opção, por motivos óbvios. Isso nos levou ao Plano B. A administradora do meu consultório e meu Rochedo de Gibraltar, Carole, foi comigo à funerária para os preparativos da cremação. Eu nunca teria conseguido fazer isso sozinha, nem colocar esse peso sobre meus filhos. Carole não disse: "Quer que eu vá com você?" Ela disse: "Eu levo você". Em momentos como esse, a diferença é enorme.

Nós honramos o último dos desejos de Rob em março, quando Alex, Chloe, meus pais e eu passamos seis dias calmos e curativos na Jamaica. Nossa família tinha passado muitas férias ali, e gostávamos tanto de lá que fizemos o *bat[3] mitzvah* de Chloe na Jamaica, alguns anos antes. (Nós brincamos que foi o *rasta mitzvah* dela.) A viagem em março foi a primeira vez que ficamos sozinhos juntos, separados dos compromissos, distrações e ruídos inevitáveis da nossa vida cotidiana e do lembrete visual constante do que havia acontecido. Pela primeira vez desde 11 de fevereiro, pude concentrar toda a minha energia em meus filhos e só em "ser" e, de vez em quando, realmente senti pequenos toques de minha saúde e energia começando a voltar.

Em uma dessas seis manhãs, olhei pela janela do meu quarto de hotel e vi um arco-íris completo e perfeito sobre o mar. Pode ter sido só um arco-íris. Ou pode ter sido um agradecimento de Rob, por eu ter levado nossos filhos a um lugar onde nossa família tinha sido feliz.

---

3 Bar Mitzvah é feito para meninos e Bat Mitzvah para meninas, a palavra significa (filha do mandamento).

Eu sei que prefiro acreditar que sim. Obrigada, Rob, por ter feito essa sugestão. Sabemos que é exatamente o que você teria desejado.

LOGO ANTES DE NOSSA VIAGEM À JAMAICA, MEUS FILHOS TIVERAM uma ideia que era exatamente o que todos precisávamos. Eu gostaria que a ideia tivesse sido minha, mas quando eles falaram no assunto pela primeira vez, eu mal conseguia pensar em alguma coisa que não fosse pôr um pé na frente do outro e lembrar de respirar.

Era a segunda noite de [4]*shivah*. Todos os milímetros quadrados de nosso apartamento estavam cheios de pessoas, flores e comida, e eu fugi para o meu quarto para me recompor e reforçar minha determinação de continuar de pé. Alex e Chloe me seguiram até lá e fecharam a porta. Eles obviamente tinham algo em mente, e eu rezei para que, o que fosse que eles precisassem, que eu conseguisse encontrar a força e a clareza para fazê-lo e fazer direito.

Assim, foi um grande alívio quando Alex disse: "Mamãe, a Chloe e eu conversamos e não podemos mais continuar a morar neste apartamento". Eu queria tão desesperadamente fazer alguma coisa para ajudá-los a passar por isso, alguma coisa além de amá-los, abraçá-los, ouvi-los, ter certeza de que não estivessem sozinhos se não quisessem isso, continuar a ver a Dra. Simring, qualquer coisa e tudo em que eu pudesse pensar. Mas mudar do nosso apartamento, um apartamento cheio de lembranças que tinham se tornado extremamente dolorosas? Alguma coisa tangível e ativa e "ocupada" para me distrair do pesar incansável e excruciante? Alguma coisa que eu sabia como fazer, e fazer bem, que fizesse uma diferença real para eles? Não apenas sim, mas sim, *por favor*!

"Podemos sair daqui em 48 horas", eu lhes disse. "Vou sair daqui agora mesmo e nunca mais pôr os pés neste apartamento se é isso de que precisam."

Eles me garantiram que não era nada tão urgente. Afinal de contas, estávamos apenas em fevereiro, e logo voltariam à escola. Podíamos encontrar um novo lugar para que voltassem para casa quando o verão chegasse. Isso seria ótimo.

---

4 Período prescrito de luto segundo a tradição judaica, perdura por sete dias, tem início após o enterro de pais ou de um dos cônjuges.

Alguns bons amigos, que valem ouro e um pouco mais, já haviam sugerido que saíssemos daquele apartamento, e que nos afastássemos do apartamento de Rob que ficava bem em frente e que deixássemos para trás a sombra da Ponte George Washington, pois seria a coisa mais inteligente e saudável a se fazer. Lisa e Mehmet Oz nos convidaram para ficarmos na casa deles, quando quiséssemos e pelo tempo que desejássemos, e Michael Asch me disse: "Você tem que tirar seus filhos daqui e encontrar um lugar na cidade que dê um recomeço a todos vocês".

(Eu ainda sorrio quando penso nessa conversa. Como mencionei, Michael é um empresário de muito sucesso, e ele mora em uma cobertura espetacular. A recomendação dele de que encontrasse um apartamento na cidade veio com uma sugestão de que eu alugasse um lugar "com muito espaço ao ar livre para realmente aprimorar a experiência de Nova York". Ele disse isso de um jeito prático, com um rosto calmo. Isso era tão Michael. Se ele faz alguma coisa, ele *faz* mesmo. Grande. Eu me lembro de rir um pouco com esse conselho. Era como precisar de um carro e ouvir um amigo dizer: "Você devia alugar um Bentley. Eles são confiáveis e muito confortáveis, e nada se compara ao espaço no porta-malas. Boa ideia, e Deus sabe que ele tinha boas intenções, mas existe uma coisa chamada realidade.)

Encontrar uma nova moradia para mim e meus filhos passou para o topo da minha lista de prioridades e, na quarta-feira, 15 de fevereiro, Alex, Chloe e eu fomos para a cidade para encontrar um corretor inteligente, simpático e fantástico chamado Richie Herschenfeld, em uma reunião marcada por Barbara Fedida, para procurar apartamentos. Quando disse a Barbara que precisava tirar meus filhos daquele apartamento, ela logo me apresentou a Richie, dizendo: "Ele vai cuidar de você. Ele é incrível".

Havia um desafio, que eu silenciosamente temia para chegar até a reunião com Richie naquela manhã: o modo mais rápido de chegar lá era cruzar a Ponte George Washington.

Quando chegamos ao carro, Alex gentilmente pegou as chaves da minha mão e disse: "Mamãe, você ainda não passou pela ponte. Quer que eu dirija?" Meu filho forte e sensível estava tentando cuidar de mim. Meus dois filhos estavam tentando cuidar de mim há dias, o oposto exato de como as coisas deviam ser no que me dizia respeito. Eu estava maravilhada com a coragem e a sensibilidade deles. Demorei muito para perceber que eles precisavam ajudar a mãe tanto quanto eu precisava ajudá-los. Mas quando foi a hora de cruzar a ponte, eu concedi, só dessa vez, e deixei Alex dirigir.

Todos olhamos para aquele lugar horrível quando passamos por ele, o lugar em que Rob muito deliberadamente tinha parado de andar, subira na proteção e pulara para a morte. Era impossível não imaginar isso. Era assustador e literalmente enjoativo imaginar aqueles últimos poucos segundos, e o buraco negro de desespero que o levou a isso e o jogou dali. Será que ele estava com medo no fim, ou chorando? Ou estava calmo e resignado, sem sentir absolutamente nada? O que tinha acontecido para empurrá-lo no vazio? Ou o que não tinha acontecido? E como nossos filhos e eu poderíamos ficar em paz com o fato de que nunca saberíamos o motivo?

Ainda sinto uma dor profunda quando dirijo pela ponte George Washington, mas passa mais depressa do que antes. Parei de esperar que ela suma completamente.

Richie Herschenfeld fez valer a viagem. Barbara Fedida já havia contado a ele sobre nossa situação e assim não precisaríamos fazê-lo; e ele cuidou muito bem de nós, tratando-nos com cuidado e compaixão, enquanto nos mostrava ótimos apartamentos e dentro do orçamento que havia separado para vermos. Naquela noite, Alex encontrou na internet um apartamento que parecia confortável e conveniente no lado oeste de Manhattan, e exatamente certo.

Uma outra amiga saiu muito de seu caminho – cerca de seis horas, na verdade – para dar uma olhada nesse apartamento com Alex e comigo. Shelley Looney, medalhista de ouro e prata olímpicos no hóquei no gelo, e uma de minhas amigas mais íntimas, dirigiu de Buffalo, Nova York, para estar na cidade conosco. Ela havia morado com nossa família, vários anos antes, por cerca de seis meses, conhecia bem a todos nós, incluindo Rob, é claro, e queria nos ajudar participando do processo de procura de um apartamento. Então, na quinta-feira, Richie mostrou a Alex, Shelley e eu o apartamento que Alex tinha encontrado, e assinei o contrato na sexta-feira. A mudança foi em 1º de maio, um pouco mais de dois meses depois, demora razoável para ser viável e rápida o suficiente para dar a meus filhos o que precisavam, e que também era o que eu precisava.

Chloe voltou a Lawrenceville naquela mesma quinta-feira, 16 de fevereiro. Alex voltou a Columbia alguns dias depois. Os exames de Alex estavam próximos, e Chloe sentia que precisava se afastar de toda aquela tristeza opressiva e de todas aquelas lembranças dos momentos mais felizes e mais devastadores da vida dela, para que pudesse melhorar.

O apoio que a esperava na escola foi inacreditável. A treinadora, Nicole Uliasz, já havia conversado com a diretora, os professores e as colegas de time, e todos estavam decididos a tornarem as coisas o mais fácil possível para ela. "Volte às aulas quando estiver pronta", disseram. "Volte para os treinos de hóquei quando estiver com vontade." "Você não precisa fazer os exames finais." "Não se preocupe com a lição de casa." Nicole havia previsto tudo que ela poderia precisar e providenciado, até oferecendo que Chloe dormisse em seu apartamento nas primeiras noites para não ficar sozinha.

Com poucas exceções, os seus amigos, assim como os meus, se uniram ao seu redor. É impossível colocar em palavras quanto esses amigos significam quando você está em um ponto da sua vida que é mais baixo do que qualquer coisa que você já imaginou. Nunca esqueceremos esses amigos, e não há nada que não faríamos por eles para retribuir.

As poucas exceções dela, como as minhas, também foram inesquecíveis.

Pelo menos, elas nos ensinam o que *não* fazer quando alguém em sua vida está encostado na parede. Um punhado de seus colegas de repente não queriam mais nada com ela e quase atravessavam a rua para evitá-la. É inteiramente possível que eles tenham se distanciado apenas porque não tinham ideia de como se aproximar de alguém que vive o desespero único do luto por um suicida, mas parecia que eles estavam bravos com ela ou, talvez, ressentidos com o apoio e a atenção que ela estava recebendo, apoio e atenção que ela teria trocado de bom grado pela chance de ter o pai de volta. Um "sinto muito" genuíno é tudo que seria necessário, e teria feito muita diferença.

O prêmio de "o que *não* fazer" dos primeiros dias da volta de Chloe a Lawrenceville vai para um "amigo" que, em resposta à ajuda compassiva que os professores e técnico lhe deram, disse pelas costas dela: "A Chloe parece esperar um passe livre por aqui só porque o pai dela morreu". Quando ela ficou sabendo, nem se preocupou em responder, mas simplesmente fez uma anotação mental para nunca dizer algo parecido a alguém e, do melhor jeito que podia, aprender a esperar, às vezes, ser enganada desse modo e silenciosamente se distanciar daquelas pessoas que não eram quem ela pensava que fossem. Em outras palavras, obrigada pela informação.

Apesar do convite da técnica Nicole para que ela voltasse aos treinos com calma, Chloe estava no gelo com as colegas de time logo no primeiro dia, e Evan, sua esposa e filhos e eu fomos ao jogo algumas noites depois. Meu pai também estava lá. Evan e eu vestimos camisas do time de Chloe para demonstrar apoio, algo que nunca tínhamos feito antes.

Isso foi brutalmente difícil para todos nós. Rob era um modelo de pai de atleta e esteve em quase todos os seus jogos, desde que Chloe tinha cinco anos. Evan e eu não podíamos imaginar como ela conseguiu estar no gelo naquela noite, sabendo que ele não estava lá e o porquê. Sabia que, compreensivelmente, ela estava distraída e atrapalhada. Quando ela cometeu uma falta no final do primeiro período, o que era incomum para ela, eu sabia que as coisas estavam desabando. Nicole também sabia e deu a ela as opções de voltar ao gelo, sentar no banco ou trocar de roupa e encerrar a noite. Chloe deixou sua escolha clara quando patinou para o vestiário, e eu a segui.

Encontrei minha filha sozinha no vestiário, com raiva, chorando e emocionalmente fora de controle. Estava indo em sua direção para abraçá-la quando ela fechou os punhos e gritou: "Por que eu não fui suficiente?!"

Isso partiu meu coração. Eu sabia das sessões da Dra. Simring que aquele sentimento de culpa e de rejeição está entre as respostas inevitáveis diante de um suicídio, e que parte do processo de cura é passar por essas respostas em vez de se esconder. Mas saber intelectualmente e aceitar emocionalmente são duas coisas muito diferentes. Era insuportável que, mesmo por um segundo, Chloe pensasse que tinha algo a ver com o suicídio do pai, e a única pessoa que poderia convencê-la do contrário não estava mais aqui. Pensei imediatamente: "Ai, meu Deus, eu não serei o suficiente para ser mãe *e* pai para meus filhos. Não posso consertar isso".

Ao mesmo tempo, não podia negar que sabia exatamente como ela se sentia. Nos últimos dez anos do nosso casamento, senti que Rob se afastava de mim. Não entendia o porquê, nem sabia o que fazer a respeito disso, mas cheguei à conclusão de que, de alguma forma, isso era culpa minha, uma inadequação minha e um fracasso meu. Conforme nosso relacionamento se desmanchava, fiquei convencida de que ele não queria mais estar casado comigo, o que significava que eu não queria mais estar casada com ele também. Ele costumava dizer: "Para ser feliz, eu só preciso de meus livros e meus cachorros". Certo. Entendi. Não precisa dizer mais nada.

Não havia a menor dúvida: nosso divórcio foi amigável. Ninguém deixou ninguém. Mas intimamente, bem no fundo, sentia que ele tinha me deixado dez anos antes. O pensamento só não tinha se cristalizado, e eu não acho que tenha lamentado totalmente a lenta desintegração do nosso casamento e o nosso divórcio até que ele tirou sua vida e *realmente* me deixou. Ele nunca voltaria ao nosso apartamento de novo. Ele não estava mais morando do outro lado da rua. Ele tinha ido embora.

Por que *eu* não fui o bastante?

E quando ele se afastou de mim todos aqueles anos antes, será que ele tinha realmente se afastado da vida em geral, e eu só não tinha notado?

As perguntas não acabavam. Eu confiava o bastante na Dra. Simring para ter certeza de que podia me permitir fazê-las e senti-las a fim de começar o lento processo de cura, mas meu Deus, elas doíam de verdade.

A Dra. Simring também nos avisou que, por algum tempo, era normal não se sentir normal. Ela não podia estar mais certa.

Alex, que sempre fazia amigos e se encaixava entre os colegas com muita facilidade, estava se sentindo "diferente" e "separado", pois, ele sabia que era o cara cujo pai tinha pulado da Ponte George Washington.

Chloe, que sempre tinha gostado da escola e amava o hóquei, muitas vezes se via pensando neles como coisas idiotas, sem sentido, como se não tivessem nenhuma importância. Isso era tão chocante para ela que

Chloe olhava no espelho e nem reconhecia a garota que via, mesmo que não estivesse nada diferente.

E eu mal podia me olhar no espelho e confrontar o fato de que estava horrível. Perdi quatro quilos em 11 dias, e nem tinha quatro quilos sobrando para perder. Minha incapacidade para dormir mais do que uma ou duas horas por vez tinha afetado meus olhos que estavam escuros e afundados. A tensão da dor crônica aparecia no meu rosto, e eu estava literalmente com tanta dor física do luto que me surpreendia por não encontrar hematomas.

Talvez o mais chocante e não normal de tudo fosse como eu quase não me importava. Por toda a minha vida senti muito orgulho da minha aparência. Isso era parte do meu impulso geral de "busca da perfeição". Gostava de maquiagem, de roupas e moda e de todo o processo de *toilette* na preparação para aparecer na TV. Agora, eu estava evitando os espelhos por dias seguidos, em parte por causa dessa repentina apatia quanto a me esforçar e, em parte, porque tinha me tornado uma sombra de mim mesma e achava que podia estar desaparecendo. Ou, talvez, desaparecer fosse exatamente o que queria fazer.

Sou uma médica. Estudei os efeitos físicos do luto sobre o corpo humano. Eu era uma representação viva desses efeitos e não estava fazendo nada a respeito disso, quando, de todas as pessoas, eu era quem devia entender melhor tudo isso. Se eu não contornasse a situação, acabaria no hospital. Bem o que meus filhos precisavam: a mãe, a única dos pais que restava, deitada em uma cama de hospital, desmoronando.

Lenta, mas firmemente, comecei a me obrigar a comer alguma coisa a um intervalo de poucas horas, e pedi a meu amigo e treinador Cliff que se encontrasse comigo na sala de ginástica do prédio e me ajudasse a voltar aos exercícios. A hora em que estava me exercitando era o único momento no qual não me sentia entorpecida. Isso ajudou muito, embora não parecesse tanto na hora. Quanto ao sono, isso teria de voltar naturalmente. Eu tinha desistido do Klonopin depois de alguns dias e tentado Ambien por uma semana, que também não tinha ajudado. Mas, talvez fazer algum esforço para cuidar de mim mesma de novo e me exercitar ao menos fizessem alguma diferença.

Na verdade, eu não tinha escolha, e não era só pelos meus filhos. Pronta ou não, tinha que voltar ao trabalho.

CAPÍTULO TRÊS

CAROLE E ANA TINHAM FEITO UM TRABALHO FANTÁSTICO cuidando de tudo no consultório, remarcando pacientes, encaminhando-as a colegas generosos que tinham se oferecido para fazer o que pudessem para ajudar, só garantindo, em geral, que minhas pacientes fossem bem cuidadas e que eu ainda tivesse um consultório para onde voltar quando estivesse pronta.

Tirar alguns meses de licença teria sido compreensível, mas emocional e financeiramente isso não era uma opção. A Dra. Simring e eu tínhamos falado muitas vezes sobre o fato de que o elemento da rotina é muito importante para as pessoas que estão lidando com choque e luto profundos, pois, faz lembrar de que suas vidas não foram despedaçadas. Alex e Chloe estavam de volta à escola, de volta à rotina, e eu não podia esperar mais deles do que esperava de mim mesma.

Também não sou uma celebridade milionária que só trabalha quando meu iate está no estaleiro para reparos. (Aliás, eu nem tenho um iate.) Eu amo meu trabalho, mas também dependo dele, e meus filhos também. Na verdade, eu era a provedora principal em nossa casa desde que Rob tinha mudado de carreira em 2012. Agora só havia eu, e tinha contas a pagar. Possuía uma equipe que dependia de mim para receber seus salários. Tinha um filho na faculdade e uma filha em um colégio interno. Duas semanas para estar "pronta" para voltar ao meu consultório era literalmente tudo que eu podia me dar.

Quanto à minha carreira na TV, todos na ABC, desde o presidente da ABC Television, Ben Sherwood, e o presidente da ABC News, James Goldston, haviam sido gentis, compassivos e compreensivos, além do que podia imaginar. Eles me disseram para levar o tempo que precisasse antes de voltar ao *Good Morning America*. Arbitrariamente, eu lhes disse que seis semanas seriam o bastante.

O que eu não disse, porque estava lutando muito com isso, era que não tinha certeza de que seria capaz de aparecer na TV de novo.

O fato de estar horrível era só uma parte disso. Tinha toda uma questão que eu odiava, mas com a qual tinha de lidar, e ficava dizendo a mim mesma que isso não deveria importar. Mas como todos sabemos, muitas vezes, há uma grande diferença entre como as coisas deviam ser e como elas realmente são.

Isso foi descrito perfeitamente por uma das minhas três amigas que tinham sobrevivido ao suicídio de pessoas queridas e que haviam estado comigo uma noite na *shiva*, aquela cujo marido tinha se matado alguns anos antes. "Eu tenho de lhe contar", disse ela, "em todos os lugares em que vou, sinto que as pessoas me olham diferente. É como se eu tivesse uma marca vermelha no peito".

Exatamente. Uma marca vermelha no peito, e ela nem era uma figura pública. O suicídio do marido dela não foi uma notícia nacional. Já havia experimentado a sensação de que algumas pessoas estavam olhando para mim de um jeito diferente. Não sei como ou se vou conseguir lidar com a sensação de, literalmente, milhões de pessoas vendo aquela marca vermelha no meu peito, especulando qual a profunda falha de caráter não tinha permitido que eu percebesse que Rob era um suicida, ou tinha impulsionado Rob por cima do parapeito de uma ponte. Era o fim da imagem de perfeição e sucesso que havia cultivado por toda a minha vida. Obviamente, eu tinha uma grande falha. Não podia imaginar que exibiria esse fato em *Good Morning America* para que todo mundo o visse.

Felizmente, não tinha de tomar aquela decisão de imediato. Minha equipe e meus pacientes precisavam de minha atenção imediata e, como descobri logo, eu também precisava deles.

Carole e Ana tinham organizado uma agenda em meio período para facilitar minha volta à rotina. Elas também me conheciam o suficiente para saber que estava lutando para me concentrar, em geral, e que estava me afogando em uma dose dupla de problemas legais e logísticos ligados à morte de Rob e de algumas tecnicalidades residuais pós-divórcio. O pouco que sobrou de mim entrou no meu consultório naquele primeiro dia só rezando para que conseguisse me concentrar. Voltar ao trabalho não tinha a ver apenas com pagar as minhas contas ou voltar a uma rotina. Era, literalmente, uma questão de vida ou morte para minhas pacientes. Era preciso ter concentração. Respirei fundo enquanto pegava a pilha de resultados de laboratório, mamografias, ultrassons e outros exames médicos que estavam esperando na minha mesa. No que me dizia respeito, o fato de estar ali significava que eu estava plenamente preparada para dar a minhas pacientes o cuidado que elas esperavam de mim depois de muitos anos juntas.

O que não estava esperando foi o cuidado que recebi delas. Centenas de cartões de pêsames estavam esperando em cestas ao lado da minha mesa. Cada paciente me cumprimentou com um abraço e chorou comigo e, antes que eu tivesse chance de fazer perguntas sobre ela, me perguntou como eu estava, do que precisava e como podia ajudar. Uma paciente depois da outra, dia após dia, só recebi muita gentileza. Elas não só fizeram com que eu me sentisse aceita e não julgada, mas me inspiraram a pensar inúmeras vezes, como Chloe disse: "Eu quero ser *esse* tipo de amiga".

Havia uma paciente em especial a quem quero agradecer por escrito, como um exemplo de quanto algumas pessoas fazem para ajudar alguém que precise, e como um lembrete a todos nós, eu inclusive, de que às vezes só prestando atenção e sendo criativos, nós podemos achar uma forma de ajudar e cuidar sem esperar um pedido.

Alex e Chloe tinham trazido os dois Labradores de Rob, Nigle e Remy, para o nosso apartamento alguns dias depois de Rob tirar a própria vida. Até esse momento, eles tinham se revezado e atravessado a rua até o apartamento de Rob para passear com eles e alimentá-los, e, provavelmente, só para ficar um pouco no apartamento do pai. Tecnicamente, Nigel e Remy eram os cães da nossa família, junto com Mason, o Morkie, e nós os adorávamos; mas desde o momento em que Rob colocou os olhos neles, quando eram filhotes, Nigel e Remy eram dele, e ele era deles, o "cão alfa" da matilha, o melhor amigo e o companheiro de brincadeiras favorito. Agora eles eram labradores idosos, com 12 ou 13 anos, de alta manutenção e chorando a perda do líder de duas pernas de sua matilha. Um dos melhores amigos de Rob, e padrinho no nosso casamento, que também gostava muito de cachorros, sabia como Nigel e Remy eram próximos de Rob. Também sabia que eles seriam mais do que eu poderia lidar sozinha nessas circunstâncias. Ele estava certo. Então, sem que nós pedíssemos, ele se ofereceu para dar aos cães uma casa maravilhosa com ele e sua família, se isso fosse bom para nós. Alex, Chloe e eu concordamos que Nigel e Remy seriam amados e muito bem cuidados por Art e dissemos sim e obrigado umas mil vezes.

Só havia um problema: Nigel e Remy estavam conosco em Nova Jersey. Art morava na Flórida.

De imediato, minha paciente Stacy, que tinha ouvido a história e amava cães, assumiu a tarefa de conseguir uma empresa de táxi-dogs, que transporta animais de estimação para levar nossos queridos labradores para a nova casa, a 1.600 quilômetros de distância, onde eles estão bem e felizes agora. Quando, evidentemente, sentia que não podia confiar em mim mesma para sobreviver a mais um dia, Stacy encontrou um serviço ao qual eu podia confiar a vida dos cães de Rob, para levá-los em segurança até a Flórida.

Com tudo que estava acontecendo, eu nunca poderia ter feito aqueles arranjos. E nunca teria a coragem de pedir um favor tão enorme e complicado a Stacy ou a outra pessoa.

Não tenho ideia de como poderei retribuir, e a Art, e a tantas pessoas das quais nem posso nomear a todas. Eu só espero que, se e quando alguém em dificuldades na minha vida precisar de um favor semelhante, em que elas nem tenham pensado, eu possa ser tão atenta e boa em prever e cuidar de tudo, como Stacy foi para mim.

E embora ainda estivesse abalada, a compaixão de minhas pacientes, minha equipe e a Dra. Simring estavam ajudando uma ou duas peças de mim a se encaixarem de novo no lugar – peças bem pequenas, mas isso foi um começo.

Eu não podia dar a meus filhos a mensagem de que a resposta de sua mãe à tragédia era de se esconder, enquanto eles estavam sendo tão fortes e voltando à vida normal. Não podia deixar que meu orgulho prejudicasse a segurança financeira da minha família e, também, não podia desconsiderar meu longo compromisso com as pessoas que tinham sido apenas gentis, leais e protetoras comigo.

A Dra. Simring tinha apontado mais de uma vez que "uma pessoa que não é suicida, quando as coisas estão em seu ponto mais sombrio e pior, diz: 'Amanhã será melhor'. Isto não pode durar para sempre.' Elas podem ver um caminho de saída. A pessoa suicida, quando as coisas estão mais deprimentes, diz: 'Amanhã será pior, e eu tenho que sair daqui agora'." Fiquei incrivelmente triste de pensar que Rob se sentia desse jeito, mesmo que só por um segundo. Isso também me motivou. No fundo do meu coração, eu realmente acreditava que amanhã podia ser melhor, e que dependia de mim tentar fazer isso acontecer.

Peguei o telefone, liguei para a ABC e disse que estava pronta para voltar.

Em 22 de março, um pouco menos de seis semanas depois do suicídio, entrei nos estúdios de *Good Morning America*. Se as pessoas pensassem que eu parecia extenuada e imperfeita, pois é, eu estava mesmo. Se eles não conseguissem ver além da marca vermelha no meu peito, que fosse. Não estava ali para ser "aquela mulher cujo marido se matou". Estava lá para ser a Dra. Jennifer Ashton, naquela época uma Colaboradora Médica Sênior, e logo seria Correspondente Médica Chefe, para a rede e para o *Good Morning America*, para discutir o risco de câncer dos implantes de mama. E se ficasse emotiva e desabasse durante meu segmento, tudo bem. Me esforcei ao máximo para que isso não acontecesse, mas há um limite ao que se pode fazer na TV ao vivo.

Tinha sido apoiada e fiquei muito comovida com um e-mail de Ben Sherwood na noite anterior. Ele dizia: "Saudações de Buenos Aires – sinto perder sua volta amanhã de manhã – mas só quero lhe desejar o melhor. Estou mandando um grande abraço. E força. Sentimos sua falta. Estou feliz por você estar de volta". O presidente da ABC *Television* arrumando tempo para me enviar um bilhete caloroso e animador a quilômetros de distância, fez muita diferença. Ele se importava, era importante para ele que eu estivesse bem no dia seguinte, e não queria decepcioná-lo nem meus outros chefes na ABC.

Muitas grandes empresas adoram afirmar que são uma "família", saibam ou não o nome de seus funcionários. Se eu já tinha duvidado de que a *ABC News* e *Good Morning America* realmente eram e são a minha "família de trabalho", essas dúvidas foram apagadas no minuto em que passei pela porta do estúdio naquela manhã. Centenas de pessoas estão envolvidas em transmitir *Good Morning America*, e não estou exagerando quando digo que cada um daqueles com os quais tinha entrado em contato, desde os guardas de segurança, aos cameraman, gerentes de palco, à equipe de áudio e aos técnicos de iluminação, a minha equipe de cabelo e maquiagem e estilistas de guarda-roupa, me cumprimentaram com o puro e incondicional amor e apoio de uma família. Eles podiam sentir como era difícil para mim, e seus abraços, contato visual e palavras gentis deixaram claro que todos estavam bem ali comigo, as pessoas me apoiavam, e nem por um momento fiquei sozinha. Alguns até me disseram que sabiam pelo que eu estava passando, porque tinham perdido um ente querido por suicídio, só não tinham dito nada porque pensavam que ninguém entenderia e não queriam deixar os colegas constrangidos. Me senti privilegiada por ser capaz de retribuir os mesmos abraços que tinham me dado. Nós estávamos ainda mais próximos do que antes. Barbara Fedida nunca me deixou desde o momento em que passei pela porta.

    Fiquei algum tempo com Robin Roberts em seu vestiário antes de entrarmos no ar, e concordei quando ela me perguntou se podia dizer algumas palavras pessoais para mim no final do nosso segmento. Nos conhecíamos há mais de cinco anos. Confio nela, a admiro e respeito mais do que tenho palavras para descrever. Não há ninguém que eu preferiria ter tido a meu lado naquele dia. Assisti admirada quando ela lutou publicamente com seus problemas de saúde que ameaçavam a sua vida e ficava pensando, na época, onde ela conseguiu tanta força. Agora, estava pensando onde encontraria a energia e o fogo para tirar a mim mesma do desespero, mas fiquei ali com Robin, minha inspiração para coragem e graça sob pressão, e a presença dela me incentivou.

    As câmeras rolavam. Robin e eu falamos sobre o possível link entre implantes de mama de silicone e um raro câncer de sangue. Com a visão periférica, podia ver Barbara Fedida e a vice-presidente de talento e desenvolvimento da *ABC*, Mary Noonan de pé, por perto, como minhas guarda-costas emocionais, e os âncoras de *Good Morning America*, Amy Robach e George Stephanopoulos, apenas a alguns metros, no cenário, com sorrisos silenciosos e empáticos "Você conseguiu!". Eu sabia que dentro da sala de controle havia dezenas de produtores e diretores prontos para tirar a câmera de mim se ocorresse algum problema. Eu senti o amor e o apoio deles como uma rede de segurança sob mim.

Então, quando o segmento estava chegando ao fim, Robin disse, no ar: "Você sabe, Jen, estamos muito felizes por você estar de volta, e nossos pensamentos estão com você e com os seus filhos".

Nesse momento, eu sabia que, graças a todas essas pessoas incríveis ao meu redor, e nove anos de memória muscular em câmera, eu ia ficar bem. Engolindo as minhas lágrimas, percebi que podia fazer isso. Eu ainda estava em uma névoa, ainda lutava para me concentrar, mas mesmo que subconscientemente na hora, estava aprendendo muito.

Sim, voltar a uma rotina familiar foi muito útil. Muitos meses depois, encontrei uma mulher cujo marido tinha se matado não muito depois de Rob, pulando pela janela do apartamento. Ela não trabalhava fora de casa, e sua dor e luto ainda eram tão intensos como no dia em que tudo aconteceu. Tive sorte de ter uma rotina para a qual voltar, rodeada por pessoas que se importam. Tive sorte até mesmo de não ter escolha financeiramente. Se não tivesse sido uma necessidade, se o dinheiro não fosse uma questão, não tenho certeza de que teria me obrigado a voltar ao trabalho, e sem esse lembrete de que havia vida depois de Rob, vida depois do suicídio, não posso imaginar por quanto tempo poderia ter ficado emocionalmente congelada em um lugar escuro e horrível.

Sim, quase todas as pessoas realmente querem ajudar em uma crise terrível e, podem e fazem, talvez, mais do que jamais saibam, com o mais simples dos gestos de gentileza. Nunca pensei por esse prisma até muito, muito tempo depois, mas talvez sem me dar conta, tenha podido retribuir um pouco. Foi, sem dúvida, útil para minha equipe, minhas pacientes, meus colegas da ABC e meus amigos acompanharem meu retorno ao trabalho – não por minha causa, mas porque é sempre tranquilizante ver alguém que passou por um pesadelo acordar e continuar em frente, mesmo que lentamente. Quem não precisa de tempos em tempos da mensagem, falada ou não, "Você consegue passar por isso"?

A Dra. Simring tinha me dado um material de leitura naquele primeiro dia, para quando e se pudesse me concentrar o bastante para ler. Eu ainda não era capaz de absorver mais do que algumas frases por vez, mas passei por um ou dois pensamentos que fizeram sentido e me trouxeram algum conforto.

Um deles era de um livro intitulado *The Noonday Demons*, de Andrew Solomon (publicado em português pela Companhia das Letras, com o título *O demônio do meio-dia*). O último parágrafo do capítulo sobre suicídio começa: "Eu diria que o suicídio nem sempre é uma tragédia para a pessoa que morreu, mas que ele sempre vem cedo e repentinamente demais para aqueles que ficaram para trás".

Ela também me deu um artigo brilhante e repleto de *insights* da edição de 23 de maio de 2013 da *Newsweek*, chamado "*Why Suicide Has Become an Epidemic – And What We Can Do to Help*" (Por que o suicídio se tornou uma epidemia – e o que podemos fazer para ajudar), de Tony Dokoupil. Li várias vezes o último parágrafo:

"Não é fácil fazer as pessoas aceitarem um tratamento. Tem o custo, por um lado, mas, mais do que isso, tem a vergonha e o estigma. Suicídio é o assassino raro que não consegue inspirar campanhas de celebridades, corridas de apoio e novos e reluzentes centro universitários para estudo e tratamento. Isso tem de mudar.

Precisamos entender que o suicídio não é fácil, indolor, covarde, egoísta, vingativo, autocontrolador nem áspero. E quando entendermos tudo isso, precisamos deixar que isso chegue ao nosso coração".

Eu me lembro de ser inspirada por isso sem ter a menor ideia do que fazer com isso em termos práticos.

Enquanto isso, meus grandes amigos cuidavam para que eu não caísse no hábito potencialmente autodestrutivo de só voltar para casa depois do trabalho e vagar pelo meu apartamento dia após dia, noite após noite. Eles me levavam para jantar algumas noites por semana, e conversávamos sobre muitas coisas, menos sobre o luto. E de vez em quando, me assustava porque me pegava rindo ou me sentindo normal de novo por um momento ou dois, ou simplesmente me divertindo, e isso era seguido imediatamente pela mais horrenda culpa. Tinham se passado apenas semanas desde que Rob tirara a própria vida, desde que o pai dos meus filhos tinha se matado. Meus filhos estavam lutando para se recuperar da perda mais devastadora de suas jovens vidas; todos que o conheciam, inclusive eu, tinham perdido um homem que amavam e admiravam; e aqui estava eu, de vez em quando me divertindo como se tudo estivesse bem! Como eu podia fazer isso? Minha culpa!

O que me levou a outra lição valiosa durante aquele tempo confuso, mais uma vez graças à Dra. Simring. No que quase chegou a ser uma confissão, contei a ela sobre esse lado inapropriado de mim mesma que tinha começado a se revelar. "O que está errado comigo?", perguntei chorando. "Nada", disse ela. "Você está passando por uma parte normal da cura. Não é só normal, é saudável.

Isso se chama 'verdades múltiplas'."

"Verdades múltiplas" significa que você pode sentir os extremos opostos do espectro emocional ao mesmo tempo sem que um desses sentimentos negue a validade do outro. Você pode estar no luto mais sombrio e ainda rir, ou sentir alguma coisa positiva, ou até se apaixonar, e isso não diminui a profundidade e a sinceridade do seu luto. Como a Dra. Simring enfatizou, não se trata de escolher o luto *ou* o riso. Tem a ver com aceitar e não julgar o fato de que o luto *e* o riso podem coexistir – "verdades múltiplas", ambas reais e totalmente apropriadas; então essencialmente, não se trate mal por isso, acolha-as como um sinal de que você está fazendo progressos.

Foi uma revelação para mim e um grande alívio. Percebi que tinha tentado afastar qualquer sentimento de felicidade e esperança, pensando que eram desrespeitosos para a memória de Rob. Mas será que Rob realmente ia querer deixar para nossos filhos e para mim um legado de tristeza para o resto de nossas vidas? É claro que não. Ele não era assim. E, pronta ou não, olhar para a frente era uma parte inescapável da minha realidade, com o dia da mudança, 1º de maio, ficando cada vez mais perto.

Eu adorava mudar de casa, sei que para algumas pessoas isso é como dizer que sempre gostei de tratamento de canal no dentista. Mas isso é como um recomeço para mim, uma nova fase, um quadro em branco; e também amo todo o processo de construir um ninho e organizar para transformar um espaço vazio em um lar acolhedor, confortável e caloroso.

Não havia dúvidas de que mudar de Fort Lee para um apartamento em Nova York era emocionalmente essencial para os meus filhos e, de alguma maneira, também para mim. Estava empolgada com isso porque eles estavam empolgados. Gostava do trabalho envolvido nisso, e da chance de lidar com um grande desafio em no qual era boa. E todos nós estávamos totalmente prontos para nos livrar da vista constante da Ponte George Washington. Pela primeira vez na minha vida, encaixotar e mudar trouxe um senso agridoce de peso. Rob já tinha se mudado daquele apartamento para o seu próprio apartamento muitos meses antes, quando nos separamos. Mas ele também tinha morado naquele apartamento por um ano, quando ainda estávamos casados e tentando fazer o casamento funcionar e; enquanto olhava para as pilhas de caixas, fiquei surpresa por sentir uma conexão tão tangível com ele, uma conexão que não tinha sentido durante o nosso divórcio. Eu abria a porta da geladeira, por exemplo, e me pegava pensando, "Rob tocou nesta maçaneta", ou olhava para a pia do banheiro e quase ficava surpresa por Rob ter feito a barba ali. Parecia ainda mais um adeus, porque nosso novo apartamento no West Side seria o primeiro lugar em que viveria em 22 anos sem que Rob tivesse estado lá. A irreversibilidade me interrompeu mais de uma vez enquanto tentava aceitar a ideia de que "nunca" realmente queria dizer *nunca*.

Agora, pode franzir o nariz se quiser, mas não mudo para uma casa nova ou escritório sem marcar uma consulta com um homem que conheci há vários anos, e que é um consultor internacional de *feng shui*. (Ele é suíço. Vá entender!) Ele é ótimo para ajudar a rearrumar os móveis e objetos de modo que promove o fluxo de energia mais benéfico e também limpa a energia e abençoa o novo espaço. Ou o *feng shui* é realmente benéfico ou, então, ele é benéfico, pois, *acredito* que ele é mesmo eficiente. De qualquer modo, não vejo um lado ruim em cuidar das minhas coisas e realmente valorizo esse homem e o que ele faz.

Ele conheceu Rob quando nos mudamos para Fort Lee, e gostou dele; então foi natural que o assunto da morte de Rob surgisse quando ele me encontrou no novo apartamento para nossa consulta. "Você sabe", disse ele, "caso você não esteja bem a par disso, existem algumas culturas que não pensam no suicídio como um ato sombrio e ruim. Porque, acreditam que as pessoas escolherem quando e como vão morrer é um ritual belo e sagrado da vida".

Eu não fazia ideia e lhe disse isso.

Ele continuou rapidamente, "Não estou tentando sugerir que o suicídio é uma coisa boa. Só quero que você tenha a perspectiva global e cultural de que o estigma que nossa cultura atribui a isso não é seguido em todo o mundo".

Tentei imaginar uma cultura em que Alex, Chloe e eu pudéssemos sentir falta de Rob e lamentar por ele sem o acréscimo da dor da culpa e da vergonha. Não consegui.

Ele se sentou ao meu lado. "Jen, trabalhei com várias pessoas cujas famílias foram afetadas pelo suicídio, e muitas me contaram que sentiam não ter uma "conclusão". Pensei muito sobre você e Rob desde o dia em que ele se matou. Fiz contato com o espírito dele, e ele fez uma saída limpa. Rob está em paz".

Me lembrei daquela noite no mês de fevereiro, em que abri os olhos e vi Rob sentado ao meu lado na minha cama, de camisa cinza, olhando para mim. Meu amigo estava certo. Rob estava em paz. A dor tinha acabado. O desespero ficou para trás. Eu precisava me lembrar disso. Precisava manter a esperança de que talvez uma coisa boa tivesse resultado disso tudo.

O novo apartamento estava arrumado, organizado, com *feng shui* e pronto para o momento em que Alex e Chloe voltassem da escola. Eles adoraram no instante em que entraram pela porta, e eu adorei saber que tinha dado a meus filhos um lar para o qual eles gostariam de voltar, e que não temeriam. Mantive a presença do pai deles viva em nossa nova casa, com muitas fotos felizes dele com os dois, dele com seus melhores amigos, e dele com todos nós. Tinha guardado muitas dessas fotos quando estávamos nos divorciando – amigável ou não, não conheço muitas pessoas que gostem de olhar para fotos de seus futuros ex-marido por todo lado da casa. No entanto, isso agora era passado. O lugar dele era aqui, sorrindo para nós. Me esforcei especialmente em decorar a cozinha em sua honra. Rob era um cozinheiro brilhante, e *brilhante* não é uma palavra forte demais. Eu, por outro lado, sigo as instruções do Google para ferver água. Rob teria apreciado uma cozinha bonita, então quis garantir que nossos filhos e eu teríamos uma, mesmo que não a usasse.

Na verdade, eu dei outro toque de acabamento na cozinha há alguns dias, enquanto escrevia este livro. Rob e eu fizemos uma viagem maravilhosa a Florença, na Itália, em 2006, no nosso décimo aniversário de casamento. Um dia, estávamos olhando uma linda loja de antiguidades e encontramos pinturas encantadoras de 5 x 5 cm, feitas há 200 anos, uma para cada letra do alfabeto. Nós compramos nossas iniciais, "R" e "J", e também "A" e "C", para Alex e Chloe. Eu não tinha certeza do que ia fazer com o "R" durante nossa separação. Dar só essa para Rob parecia estranho, então guardei as quatro; e agora todas as letras estão na parede da nossa cozinha, artisticamente (mais ou menos) colocadas ao redor dos interruptores de luz. A Dra. Simring nos prometeu várias vezes que, depois de tempo e cura suficientes, chegaria um dia em que nossas lembranças de Rob nos fariam sorrir em vez de nos causar dor. Um ano e meio atrás, essas pequenas iniciais antigas na cozinha me fizeram sorrir.

Chloe e Alex terminaram o ano escolar com muito trabalho nas aulas e consigo mesmos, tendo sessões por telefone com a Dra. Simring e se permitindo vivenciar os sentimentos sem julgamento ou negação.

Alex, na maior parte do tempo, estava só triste e processou o suicídio do pai com grande compaixão. "O papai tinha uma doença, como câncer, e isso o matou. Eu não ficaria bravo com alguém que morresse de câncer, então como posso ficar bravo com ele?" Ele ficou feliz por ter as aulas da faculdade em que se concentrar, e naquele verão foi passar um mês estudando economia e finanças na *London School of Economics*. Eu estava muito consciente, quer ele estivesse ou não, de que nas várias semanas depois da morte de Rob, ele estava forte e gentilmente se tornando o homem da família, cuidando da irmã e de mim sem que isso fosse um problema, e sempre que achava que não podia amá-lo e admirá-lo mais, Alex me mostrava que eu estava errada.

Chloe estava fazendo progressos com seus sentimentos e sua raiva, sem julgá-los, só reconhecendo como seria fácil sair andando com um peso nos ombros e se recusando a deixar que isso acontecesse. Por exemplo, uma colega muito perturbada a procurou uma noite e anunciou: "Hoje foi o pior dia da minha vida! Meu namorado terminou comigo!" Chloe resistiu ao impulso de responder: "É mesmo? Esse foi o pior dia da sua vida? Bom, no pior dia da minha vida, meu pai pulou de uma ponte e se matou". Ela se segurou várias vezes, em situações como essa, quase se ressentindo das pessoas que não tinham passado por uma tragédia. Mas, então, ela se obrigou a reconhecer que, pouco tempo atrás, ela também nunca tinha passado por uma tragédia, e qualquer problema que acontecesse parecia o fim do mundo.

Ela também estava se esforçando por seguir o conselho da Dra. Simring para se reconhecer: "Lembre-se de quem você era e de quais eram seus objetivos antes do suicídio do seu pai. Então, só tente ser paciente e respeitar esse "você" enquanto trabalha para se sentir normal de novo. Você trabalhou muito duro com suas notas e o hóquei para deixar que essa tragédia ponha tudo a perder". Muitas vezes, ela simplesmente fazia o que tinha de fazer, mas de vez em quando sentia uns lampejos do antigo entusiasmo, e isso a fazia continuar.

Um colega de Rob, um empresário de Boston chamado Mark Adams, ligou logo depois do suicídio de Rob para oferecer suas condolências e perguntar se havia algo que ele pudesse fazer para ajudar. Ele lembrava especialmente de como Rob gostava de se vangloriar de como Chloe era uma incrível jogadora de hóquei, um assunto muito querido de Mark, pois seus filhos jogavam no nível de elite, e seu filho mais novo foi até chamado pela NHL.

"Você sabe", disse ele, "se Chloe pretende jogar hóquei no gelo na faculdade, ela precisa treinar com o Paul Vicent. Ele está organizando um acampamento de hóquei em Cape Cod neste verão, e eu ficaria feliz de fazer essa conexão, se você achar que ela está interessada".

Ela estava e, graças a Mark Adams, Chloe e uma colega de equipe foram passar sete semanas treinando com o Yoda do hóquei no gelo, o lendário Paul Vincent.

Fui assistir a um jogo depois de algumas semanas e fiquei surpresa com a melhora na habilidade, o desempenho e o entusiasmo que pude ver nela. Também conheci Paul Vincent. Italiano, com cerca de 70 anos, ele ganhara uma Copa Stanley, um campeonato nacional da NCAA, um campeonato estadual do ensino médio como treinador, e tenho de admitir que fiquei mais do que impressionada quando apertei a mão dele. Ele é um verdadeiro cavalheiro, que ainda coloca os patins e está no gelo treinando dez horas por dia. Ele tem um estilo de ensino muito particular e consegue resultados.

— Mal posso acreditar na diferença que você fez para minha filha em duas semanas – eu lhe disse.

Ele sorriu.

— Espere até vê-la no final das sete semanas.

Ele me deixou tão à vontade que não resisti e acrescentei.

— Eu realmente não posso agradecer o suficiente pelo que você fez por ela. Isso é tão importante, especialmente agora. Você não faz ideia!

Eu estava chocada, pensando em como, há alguns meses, ela tinha saído de um jogo e chorado no vestiário. Agora aqui estava ela, tendo uma terapia valiosa ao se esforçar no esporte que amava.

— Imagina – disse ele. — Você é uma médica. Não é como se eu estivesse salvando a vida de alguém.

Ai, meu Deus.

— Acho que você provavelmente sabe o que aconteceu com o pai dela, então, na verdade, Paul, você *está* salvando a vida dela.

Paul Vincent se tornou uma das pessoas mais influentes na vida dela, junto com a técnica de Lawrenceville, Nicole Uliasz, e nossa querida amiga, a estrela do hóquei no gelo olímpico, Shelley Looney – todos os três ótimos treinadores e educadores que entendem que não estão ali só para ensinar um esporte, mas para ensinar lições de vida. Eles desenvolvem a pessoa por inteiro, não só o atleta. Trabalham com o corpo e com o espírito, e entraram no mundo de Chloe na hora exata e a ajudaram a se curar, e sempre vou me sentir em dívida para com eles.

Fiquei feliz por meus filhos terem uma nova casa com a qual estavam empolgados e por irem para London e para Cape Cod seguindo seus sonhos. No entanto, tenho de admitir que ficar sozinha no apartamento durante várias semanas, enquanto eles estavam fora, não foi nada fácil para mim. A Dra. Simring tinha me dito que o processo do luto ia piorar antes de melhorar, e ela estava certa. Talvez o entorpecimento estivesse diminuindo, como uma anestesia, e realmente expondo a dor, ou o fato de estar em um lugar onde ainda não tínhamos tido a chance de criar lembranças. Talvez tudo só estivesse começando a ser absorvido, o que eu sabia muito bem intelectualmente, mas não tinha resolvido ainda emocionalmente – Rob não ia voltar, por sua própria escolha, e não havia nada que pudesse fazer ou dizer ou realizar ou negociar ou rezar que pudesse transformar isso. Ele escolheu morrer. Eu não. E agora?

Eu cresci a 15 minutos de distância de Nova York. Fui para a faculdade na mesma cidade e trabalhei lá. Tinha muitos amigos na cidade. Meu irmão morava a menos de 25 quarteirões de mim, e meu pai morava ainda mais perto. Podia ligar ou mandar mensagens de texto para muitas pessoas que amava e fazer planos em um piscar de olhos, mas, estranhamente, não sentia vontade de estar com ninguém. Olivia, uma das minhas amigas que tinham sobrevivido à perda de um ente querido por suicídio, havia predito que eu podia não ter tanta energia para fazer as coisas como costumava ter; e isso me descreveu perfeitamente durante aquelas semanas longas e vazias. Eu ia trabalhar, via a Dra. Simring, que me garantia que meu luto estava progredindo normalmente, e depois ia para casa para ficar sozinha.

Em uma incrível exibição de ação na hora errada, vários homens me convidaram para sair. Afinal de contas, graças à imprensa, estava famosamente disponível e ainda aparecia na TV várias vezes por semana. Esses homens eram incríveis, realizados, gentis e respeitosos, e alguns até eram celebridades que possuíam seu próprio avião. Não importava. Não tinha nem um fiapo de interesse. Nem conseguia lembrar como era me sentir interessada. Apesar de algumas pequenas peças que tinham sido colocadas no lugar nas semanas anteriores, eu ainda estava despedaçada. Isso era tudo que eu podia fazer para achar sentido em mim mesma. A última coisa que tinha em mente era tentar achar sentido em alguém, mesmo que ele tivesse um jatinho. O menor e mais bem-intencionado dos comentários podia me fazer desabar. O zelador do nosso prédio era, e é, uma ótima pessoa.

Ele tinha feito mais do que a obrigação durante a mudança e, certo dia, o agradeci por ser tão gentil e ter tornado tudo muito mais fácil do que poderia ter sido.

Ele deu de ombros e disse: "Eu sei o que aconteceu. Fico feliz por poder ajudar".

Certo ou não, senti um soco no estômago, mais uma daquelas vezes em que fiquei pensando se havia alguém neste planeta que não sabia o que tinha acontecido, se meus filhos e eu podíamos algum dia pensar em ter algo parecido com privacidade de novo ou se essa nuvem negra só iria nos seguir para sempre. Esse foi também um dos momentos em que me permiti sentir mais raiva do que compaixão em relação a Rob. Não importava de quem era a culpa, de quem era a responsabilidade, com quais demônios ele lutou nem por quanto tempo, o resumo era que Rob escolheu acabar com a própria vida. Nós não queríamos acabar com a nossa. Nós não pedimos isso. Então, por que meus filhos e eu tínhamos de cumprir uma prisão perpétua e lidar com as consequências do que ele fez?

Eu sou de Touro. Tenho um temperamento forte. Se alguém ondular uma bandeira vermelha na frente destes chifres, cuidado. Sempre tive um pavio longo. Demora muito para terminar, mas quando isso acontece, eu explodo, pode ter certeza disso.

Mas, de repente, me encontrei no consultório da Dra. Simring tentando lidar com uma outra faceta de mim mesma que não conseguia reconhecer. Depois de meses de um entorpecimento catatônico, aquele pavio longo com que sempre contei tinha ficado muito mais curto. Não gostei disso. Não gostava de ser ríspida com as pessoas. Não gostava da minha impaciência com coisas que não eram realmente tão relevantes. E, certamente, não gostava da ideia desse "novo eu", que estava tentando reconstruir, ser alguém que fazia todos ao meu redor se sentirem como se tivessem de andar pisando em ovos.

Dei à Dra. Simring alguns exemplos recentes das vezes em que havia explodido inesperadamente. Sobre o primeiro, ela comentou: "Na verdade, tudo isso foi perfeitamente apropriado". Sobre o segundo, ela disse: "Sim, isso foi com certeza um pavio curto".

Isso era a raiva que devia ser dirigida ao Rob? Será que as pessoas mais próximas a mim tinham sido tão gentis nos últimos meses que meu temperamento tinha simplesmente começado a se mostrar? O que estava acontecendo e o que eu podia fazer a respeito disso?

A Dra. Simring me lembrou que tínhamos discutido várias vezes que o suicídio é um tipo único e complexo de luto, que ele inevitavelmente inclui a raiva e que o único modo de se curar é se permitir vivenciar isso. No meu caso, o núcleo desse pavio curto era, na verdade, uma vulnerabilidade que estava sentindo como totalmente estranha a mim. Minha insistência na perfeição em toda a minha vida era acompanhada com uma aversão a "imperfeições" como fraqueza, dor, fracasso e dúvida quanto a si mesmo; e agora aqui estava eu, sendo atacada do nada por todas essas "falhas" ao mesmo tempo, sem uma pista de como me proteger delas. Vulnerável. Exposta. Como se fosse pela primeira vez, aos 48 anos, estava trabalhando sem a rede que tinha construído tão cuidadosamente para mim mesma quando era criança. Uma estranha para mim mesma, e impaciente com minha incapacidade de superar isso e passar para coisas mais importantes como ser uma mãe solo para os meus filhos, por exemplo, que eu nunca esperava nem em um milhão de anos e que nunca deveriam ter acontecido.

Então, esse pavio curto era uma questão de vulnerabilidade. Parte do processo de luto, parte do processo de cura. O remédio para isso não estava "lá fora", estava "aqui dentro". Eu ainda tinha um longo caminho pela frente e precisava ser mais paciente comigo mesma em relação à jornada. Isso fazia sentido para mim. Entendia e não gostava, mas entendia. E se esse era o único jeito de curar, então, tudo bem, vamos lá.

Obviamente, não tínhamos sido só Alex, Chloe e eu que tínhamos perdido Rob e, quando eles voltaram de London e Cape Cod, nós decidimos que devíamos fazer um serviço memorial para ele, para que os amigos mais próximos pudessem dizer adeus. Alex e Chloe fizeram todo o planejamento, desde a lista de convidados, até a música e o cardápio. Eu só consegui o lugar, com a ajuda de um antigo namorado da faculdade chamado Danny Abrams, que gentilmente nos ofereceu um salão de um de seus ótimos restaurantes, o *Mermaid Inn*, em Nova York.

Foi uma reunião pequena e íntima com cerca de 30 pessoas, e Alex e Chloe acertaram em cheio. Era exatamente o que Rob teria desejado: comida deliciosa perfeitamente cozida, histórias sobre ele contadas por seus melhores amigos, nem um toque de religião, nada de música triste ou lúgubre, só muito amor e risos e algumas lágrimas inevitáveis, uma celebração positiva de como ele vivera e do efeito que teve sobre tantas pessoas, sem uma única menção de como havia morrido.

Acho que meus filhos e eu esperávamos que isso nos animasse, como um tipo de suspiro emocional de alívio. Em vez disso, para nossa surpresa, por mais que tentássemos entrar no espírito de celebração daquela sala, nós acabamos chorando. Amávamos a intenção, amávamos as pessoas que compareceram e amávamos termos feito isso acontecer, mas meu Deus, nós detestávamos o que tinha provocado isso.

Depois de todos terem ido para casa, paramos por um momento para agradecer a Rob pela milésima vez por sua aversão a funerais. Se o serviço memorial nos perturbou tanto, nós teríamos saído de maca de um funeral.

CAPÍTULO QUATRO

A DRA. SIMRING TINHA ME AVISADO QUE OS MARCOS SERIAM dolorosos, que eles evocariam lembranças, estivesse pronta ou não, e tornariam a ausência de Rob ainda mais evidente do que já era. "Isso é normal, é uma parte essencial da cura e vai doer", disse ela. "A única maneira de chegar ao outro lado da dor é atravessar, não ir contornando, então você terá que permitir senti-la e confiar que algum dia realmente vai melhorar."

A Dra. Simring estava certa. Aí chegou o dia em setembro em que Alex e Chloe voltaram para a escola e isso doeu. Mesmo depois de nos separarmos, mandar nossos filhos para o colégio no outono era algo que sempre fazíamos juntos. Ele devia estar ali.

Desde a época em que estavam no ensino fundamental, Alex e Chloe procuravam o pai quando queriam falar sobre as aulas, os professores, a lição de casa, o que estavam lendo, de que assuntos gostavam, de que assuntos não gostavam – tudo a respeito da escola era departamento do Rob, não o meu. Eles amavam o interesse sincero e o seu entusiasmo por essa parte da vida deles, e ele adorava estar tão envolvido.

Eu, por outro lado, era o que se poderia chamar o oposto de uma "mãe helicóptero". Pensava que meus filhos estavam passando cinco dias por semana com educadores profissionais. Confiava nesses educadores para ensinarem meus filhos, e confiava em meus filhos para fazerem o que os educadores lhes dissessem para fazer. Estava ocupada demais com duas carreiras em período integral para pairar sobre eles e ser a monitora da lição de casa. Me lembro de dizer para o Alex uma noite: "Eu já passei pelo sexto ano, e passei muito bem. Agora é a sua vez de passar pelo sexto ano muito bem. Você faz seu trabalho, eu faço o meu, seus professores fazem o deles e todos nós ficamos felizes".

Alex já estava acomodado em seu dormitório em Columbia quando terminei de ajudar Chloe a se mudar para o quarto que ocuparia em Lawrenceville, e que ela decorou com muitas fotos de Rob. Foi só depois, quando estava voltando para Manhattan que a plena força da minha ansiedade caiu sobre mim. Ai, meu Deus, era um novo ano escolar, e o pai de Alex e Chloe, o apoio e confidente deles quando se tratava desse tipo de coisas, tinha partido. *Partido de verdade.* Para sempre. Para nunca mais voltar. Tudo que eles tinham era a mãe que sempre ficara confortável sabendo que o pai lidaria com isso, e estava morta de medo de não ser capaz de preencher esse enorme vazio para eles.

Eu era uma mãe solo. Não uma mãe solteira. *Mãe solteira* implica que o pai está em algum lugar por aí. Mesmo quando os dois pais decidiram que não conseguem suportar olhar um para o outro, eles ainda podem se ajudar, cobrir as falhas do outro e preencher o vazio um do outro quando se trata de criar seus filhos, para que nenhum deles tenha de sentir que está fazendo tudo sozinho. Rob e eu coreografamos essa dança muito bem nos últimos 20 anos, mesmo depois de nos separarmos, mesmo depois de nosso divórcio ser finalizado. Nos eventos da escola de Alex e na formatura do ensino médio, nos jogos de hóquei de Chloe, nos fins de semana de pais, em todas as ocasiões, provavelmente, Rob e eu apareceríamos felizes, juntos ou separados, mas se um de nós não pudesse ir, o outro moveria céus e terra para estar lá.

E agora que seria só eu? Sim, meus filhos eram felizes por ter avós que moravam perto, e o tio, Evan, e os melhores amigos de Rob, também chamados de "três pais", que assumiam quando ele não podia ir. Mas vejamos o fim de semana dos pais, por exemplo. Os filhos não querem representantes no fim de semana dos pais, por mais que gostem dessas pessoas. Eles não querem representantes para falar sobre os professores e o próximo exame de história e a mais nova ideia de programa de computador que tiveram. E as centenas de formulários pedidos pela escola, e verificação de taxa escolar, e contatos de emergência e de todos aqueles outros detalhes? Eu sempre cuidei dessas coisas, mas agora não tenho escolha. Sou eu ou ninguém, certo? E "ninguém" não era uma opção, e não decepcionaria meus filhos. Já disse para muitas pacientes e amigas que têm vários filhos e vou dizer de novo – não sei como elas conseguem. Sei qual é o meu limite. Sei quando chego ao meu limite, e dois filhos é o limite para mim. Se tivesse três ou quatro, especialmente como mãe solo, com certeza que acabaria, sem querer, esquecendo de matricular pelo menos um deles para a escola ou os mandaria sem os formulários preenchidos ou contatos de emergência. E naquele dia de um marco específico, com Alex e Chloe acomodados em segurança em Columbia e Lawrenceville, a perfeccionista em mim voltou ao apartamento superconsciente de que o equilíbrio que Rob e eu tínhamos estabelecido para a responsabilidades de nossa família no que dizia respeito aos nossos filhos de repente não existia mais e, pronta ou não, estava "trabalhando sem rede".

Me sentia muito sozinha, muito inadequada e muito triste por eles nessa noite. Não importava a idade deles, eram meus bebês, tão corajosos e fortes, tão jovens, só com 17 e 18 anos quando tiveram de lidar com o suicídio do pai. Me lembro de quando tinha essa idade. era uma realizadora inteligente e responsável cujo maior problema era tirar um B+ em vez de um A em um exame. Não poderia ter lidado com o suicídio do meu pai mais do que poderia ter feito uma cirurgia no cérebro com os olhos vendados. Estava bem ali com meus filhos, a cada passo do caminho, e ainda não podia imaginar como eles estavam conseguindo. Sabia que a Dra. Simring tinha muito a ver com isso. Esperava estar fazendo o suficiente para eles, e também não deixar que meu próprio pesar, culpa e responsabilidade nublassem minha visão do que eles precisavam e do que mais podia ser feito.

A Dra. Simring tinha me falado sobre um conceito chamado "luto complicado". O luto complicado acontece quando as pessoas adiam a busca de ajuda depois de um trauma terrível, e isso permite que o trauma se torne tão entranhado e invasivo, como um ferimento negligenciado, que o processo de luto não progride conforme o tempo passa e se torna mais difícil de tratar. Estava recebendo ajuda graças à terapia. Tinha voltado ao trabalho em minhas duas carreiras, não só fazendo as coisas, mas estava envolvida e interessada. Não era uma candidata para o luto complicado, era? Precisava estar o mais saudável possível, física e emocionalmente, para Alex e Chloe agora que era a única mãe que eles tinham. E muitas outras pessoas, de minhas pacientes a meus colegas na ABC e meus espectadores, também contavam comigo.

A única coisa que não tinha feito era buscar outros sobreviventes ao suicídio de pessoas queridas que não conhecia, que seriam objetivos comigo, para descobrir como eles passaram por isso, se tinham vivido as mesmas lutas e dúvidas que tinha, e se encontraram maneiras de ficar em paz com todas as perguntas sem resposta que o suicídio deixa em sua esteira. Talvez novas perspectivas de outras pessoas que já passaram por isso me dessem mais clareza e força do que sentia. Talvez outros sobreviventes fossem a resposta a "O que mais eu posso fazer para me curar pelos meus filhos?" Só havia um modo de descobrir. Tinha recebido um e-mail de uma mulher chamada "Sarah Davies". (A pedido dela, estou usando um pseudônimo.) Sarah tinha apenas 17 anos, a idade de meus filhos, quando perdeu a mãe para o suicídio, muitos anos atrás.

O e-mail dela dizia, em parte: "Em 1976, a terapia nem era considerada, então passei décadas tentando encontrar sentido nisso tudo e sentindo muita vergonha por causa da tragédia". Dezessete anos, em um momento em que, na maioria dos casos, a terapia estava reservada para as doenças mentais profundas, tentando se curar do suicídio da mãe sem ter ninguém lá para guiá-la. Não podia imaginar.

Liguei para Sarah, e generosamente ela me contou sua história, uma história que continua a me assombrar e me inspirar até hoje.

Sarah nasceu e foi criada em Manhattan, no que descreve como "um lar não compassivo nem amoroso". Ela e o irmão, dois anos mais velho, cresceram com uma babá, enquanto os pais atravessavam os anos 1960 em festas, não especialmente envolvidos nem interessados na vida de seus filhos. O irmão lidou com a ausência deles tornando-se alguém introvertido que mal saía do quarto. Sarah lidou com isso tornando-se muito independente. Tinha muita liberdade e muitos amigos e passava a maior parte do tempo na casa deles em vez de ficar sozinha com uma babá e um irmão indisponível em uma casa emocionalmente indiferente.

Os pais de Sarah se divorciaram quando ela estava com 13 anos. O pai dela se mudou para a Califórnia, e o irmão foi mandado para um colégio interno chamado Blair Academy. A mãe se casou novamente e se descobriu com um novo marido que abusava dela emocionalmente, um escritor que era talentoso no uso de palavras para seduzir ou magoar a esposa, dependendo do que fosse melhor para ele em um determinado momento. Sarah continuou tão ausente quanto sempre fora aproveitando os amigos e seus anos do ensino médio em Fieldston.

Como se podia prever, o segundo casamento da mãe não durou muito. A mãe estava profundamente traumatizada foi quando o casal se separou. Ela odiava o pensamento de estar sozinha e rapidamente começou a namorar de novo.

E então, nas férias de Natal de 1975, a mãe de Sarah levou ela e o irmão para a sua casa em Remsenburg, Nova York, e foi como se uma mãe completamente nova aparecesse. Os três brincaram na neve, tiraram muitas fotos e só ficaram juntos e se divertiram. De repente, a mãe estava fazendo perguntas, se interessando pela vida de Sarah e tentando conhecê-la. Foi a primeira vez que isso acontecia com Sarah e foi ótimo. Ela não fazia ideia do que tinha provocado isso, mas fosse o que fosse, ela voltou para casa depois dessa viagem empolgada e cheia de esperança de que, talvez, aos 17 anos, finalmente fosse interessante o bastante para atrair a atenção da mãe.

Um mês depois, em 24 de janeiro de 1976, Sarah voltou para casa depois de um encontro com o namorado por volta da 1 hora da manhã. A caminho do seu quarto, reparou que a porta do quarto da mãe estava entreaberta e as luzes estavam acesas. A mãe também tinha saído para um encontro naquela noite, e era incomum que ficasse fora até tão tarde. Mas Sarah não se preocupou e foi dormir. Ao adormecer, se enrolou bem nas cobertas e ficou pensando porquê estava tão frio dentro da casa.

Foi acordada algumas horas depois com batidas fortes na porta da frente. Ao atender, ainda sonolenta e encontrou a polícia ali, sombria e abrupta.

"Senhorita", disse um dos policiais, "temos notícias muito ruins. Sua mãe aparentemente pulou de uma janela deste apartamento e se matou". Sarah e a mãe moravam no 15º andar do prédio. O porteiro tinha achado o corpo violentamente arrebentado na calçada e chamado a polícia. Ele conseguiu identificar a morta e levou os policiais até a porta do apartamento de Sarah.

Sarah ficou imediatamente entorpecida com o choque, incapaz de absorver a notícia, muito menos processá-la. Estava sozinha no apartamento vazio, sem ninguém ali para confortá-la ou cuidar da situação.

Atordoada, ela foi até o quarto da mãe. Não era de surpreender que estivesse tão frio dentro da casa: era inverno em Nova York, e a janela estava escancarada.

Olhou ao redor. Não havia um bilhete. Sem desculpas, sem explicação, quase sem lembranças... exceto as do último Natal. Será que era isso? Ela já tinha começado a planejar isso um mês atrás, e esse tinha sido o jeito de dizer adeus?

Era como se Sarah tivesse sido sequestrada de um sono profundo para uma realidade alternativa. O suicídio era tão estranho para ela quanto a vida em Marte. Nunca tinha encontrado nem ouvido falar de alguém que tivesse se matado, e seu atordoamento surreal era uma combinação arrasadora de luto e vergonha. Quem faz isso?! A *mãe* de quem faz isso?!

Suas lembranças das semanas seguintes são muito vagas, mas ela sabe que o pai e o irmão chegaram, e que o pai iniciou uma investigação. A mãe de Sarah tinha sido uma mulher sofisticada, sexy e linda. Nem ele nem nenhum dos amigos dela podia imaginar que ela escolheria um modo tão terrível para se matar.

Segundo os investigadores, ela tinha conversado ao telefone com o segundo marido, de quem estava separada; e ele podia ou não ter provocado sentimento de culpa nela a respeito do encontro daquela noite. Alguns dias antes ela havia consultado seu médico, que lhe dera um antidepressivo. Tão pouco se sabia sobre a doença mental e a depressão em meados da década de 1970, muito menos sobre os fármacos apropriados para tratá-las, que é apenas um palpite qual o efeito que o remédio pode ter tido sobre ela. E havia algumas indicações de que ela podia ter tomado uma taça de vinho antes de sair naquela noite, o que podia ter interagido muito mal com o antidepressivo que tinha tomado.

No final, não havia nenhuma indicação de que outra pessoa estivesse envolvida na morte da mãe de Sarah. A morte foi considerada como suicídio. Caso encerrado.

Sarah não se envolveu na investigação nem em todo o trabalho e providências que precisaram ser feitos. Deixou isso para os adultos; e eles estavam tão preocupados com seu próprio luto e com a logística que ela e o irmão estavam praticamente sozinhos quando se tratava de entender a impossível onda de tristeza, confusão, culpa e raiva que "vem como um pacote" na esteira de um suicídio. Todas as questões familiares giravam em sua cabeça: Ela simplesmente não importava? Teria feito alguma diferença se ela tivesse ficado em casa naquela noite? Ou se tivesse sido uma filha melhor? Ela tinha deixado de perceber os sinais de que isso ia acontecer? Estava com 17 anos e não era próxima da mãe. Onde estavam as pessoas que teriam procurado os sinais certos e que conheciam sua mãe melhor do que ela? E o médico que lhe deu aquelas pílulas? Será que ele notou alguma coisa? E o que eram aquelas pílulas, de qualquer modo? Elas eram seguras, ou foram elas que empurraram sua mãe pela janela naquela noite fria?

Perguntas infinitas, e ninguém para ajudá-la a respondê-las ou entendê-las. Não havia visto muito o pai depois do divórcio, então ali estava com um pai que realmente não conhecia muito bem. Ele tentou, e providenciou que o meio-irmão mais velho de Sarah fosse para Nova York e ficasse no apartamento dele com ela, até que Sarah se formasse em Fieldston em junho. Mas além disso, ele era basicamente um estranho, e voltou para a Califórnia no minuto em que cumpriu suas obrigações.

Sarah se formou e foi estudar na Universidade da Califórnia, em Santa Barbara. Reagiu ao fluxo de emoções poderosas não lidando com isso, com medo de que se começasse a senti-las elas nunca parariam e a dominariam. Mantinha tudo leve e se divertia com os amigos, e se alguém perguntasse sobre sua mãe, ela mentia e dizia: "Minha mãe morreu em um acidente de carro".

Ao mesmo tempo, estava dolorosamente consciente de todos os sentimentos que estava mascarando e do quanto o suicídio da mãe a definia. Por baixo da fachada de uma jovem feliz e boa nos estudos, havia uma jovem que se sentia profundamente envergonhada e diferente, escondendo um segredo terrível de todos que a rodeavam. Se as pessoas descobrissem que a mãe dela tinha se matado, podiam olhar para ela com pena, o que seria insuportável; ou poderia ser exposta como uma pessoa tão sem valor e tão indigna de amor, que nem mesmo a mãe achou que valia a pena continuar com ela. A mãe tinha lhe dado a rejeição definitiva, e ela devia ter merecido ou isso não teria acontecido.

Demorou dez anos, mas Sarah encontrou um caminho para a terapia. Finalmente conseguiu sair do esconderijo, dizer a verdade sobre o que tinha acontecido com sua mãe, e começar a lidar com uma década de sentimentos não abordados, aos quais nunca tinha aberto antes sem se preocupar com julgamento ou culpa. Começou a trabalhar com o pai no negócio de publicidade em TV da família; e estava no processo de terminar o mestrado em serviço social na Universidade do Sul da Califórnia, seguindo seu sonho de trabalhar com crianças e adolescentes órfãos.

Então, em 1993, Sarah foi abalada novamente, pela morte do pai. Como ela disse: que "viveu o luto como se não houvesse amanhã". E enquanto vivia o luto, percebeu que o pesar não era só pelo pai e que, pela primeira vez, vivia o luto da mãe. Tivemos uma conversa muito boa a respeito de como é estranho que não lidemos melhor com as perdas conforme sofremos mais perdas na vida. Em vez disso, as perdas parecem se acumular e se reforçar mutuamente. Sarah não tinha vivido plenamente o luto do suicídio da mãe até o pai falecer, e eu não tinha vivido plenamente o pesar do meu divórcio de Rob até estar vivendo o luto de seu suicídio. Tenho certeza de que, em uma escala muito menor, o sofrimento é como a pele que fica sensibilizada por uma queimadura de sol. A dor parece ir embora conforme a queimadura se cura, mas mesmo o mais leve toque ainda pode doer intensamente, muito mais do que se a queimadura nunca tivesse acontecido.

Sarah estava no segundo ano na Universidade do Sul da Califórnia quando o pai morreu. Depois de refletir muito, deixou para trás o sonho do serviço social e assumiu a empresa da família, que tinha completado 60 anos.

Se casou em 1989 e teve dois lindos meninos. No entanto, ainda lembrava da tristeza que sentia às vezes enquanto os embalava, sentindo uma conexão sagrada e incondicional com eles, um amor de mãe, mais profundo do que qualquer amor que sentira na vida. Será que a sua mãe sentira esse amor por ela, mesmo que por um momento? E se o sentia, como foi capaz de escolher deixar a filha? Como isso era possível?

Aqueles pensamentos a levaram a uma decisão consciente e deliberada. Em vez de viver o que conhecia, seguindo o caminho que tinha aprendido quando criança e ser uma mãe ausente e distante, deixou que sua infância lhe ensinasse o que *não* fazer. Fez uma promessa para si mesma e os filhos. Ficaria junto com os filhos pelo tempo que fosse possível, independentemente do que acontecesse, e seria a melhor mãe que pudesse ser, a mãe envolvida e amorosa que desejava ter tido. Era uma escolha, a escolha *dela*, inspirada pelas lições que aprendera do modo mais difícil com a mãe, sem raiva nem ressentimento. Na verdade, ela sentiu uma onda de empatia em relação à mãe. Sarah e o irmão nasceram quando a mãe tinha 20 e poucos anos. Talvez ela não estivesse pronta. Talvez estivesse sobrecarregada ou deprimida ou emocionalmente despreparada para ser uma jovem mãe. Talvez estivesse sobrecarregada demais para vivenciar a paz e a pura alegria que Sarah sentiu quando embalou os filhos para que dormissem. Que triste, se isso fosse verdade. Que perda, talvez até mais para a mãe do que para Sarah e seu irmão. E agora, é claro, ela nem estava ali para perguntar.

Outro grande passo para resolver o ressentimento em relação à mãe veio da fé de Sarah, que foi criada como judia, mas se casou com um cristão devoto, e eles decidiram juntos criar os filhos na Igreja Cristã. Sarah ia à igreja com o marido e os filhos para lhes dar apoio, e gradualmente as mensagens de ressurreição, vida eterna, esperança, amor de Deus e perdão começaram a ressoar em sua alma. Foi batizada em 2011, quando ela e o marido se separaram e se viu revivendo as mesmas questões de abandono pelas quais tinha passado com o suicídio da mãe – a responsabilidade, a vergonha, a culpa, os "e-se, a pergunta *Por que não fui o bastante?* de um casamento fracassado. Mas sua nova fé, seu amor pelos filhos, sua família e amigos a ajudaram a passar por isso.

Foi na época do divórcio, em 2015, que Sarah teve uma experiência que foi um passo gigantesco e inesperado na direção da cura. Ela estava sozinha na praia, profundamente deprimida e em tal dor emocional que se viu pensando: "Não quero mais fazer isso". Tudo o que tinha de fazer, percebeu, era apenas andar para o oceano e continuar andando, e a dor acabaria.

No fim, é claro, não o fez. Não podia fazer isso. Mas nesse momento profundamente baixo em sua vida, entendeu que a mãe devia ter se sentido exatamente do mesmo modo quando se matou, mas a sensação da mãe devia ter sido multiplicada ao infinito. Durante o momento em que Sarah pensou "Eu não quero mais fazer isso", bloqueou completamente qualquer pensamento sobre os filhos, os amigos, sua carreira de sucesso, todas as bênçãos em sua vida e, pela primeira vez, ela entendeu, *entendeu* realmente, que o suicídio da mãe não tinha absolutamente nada a ver com ela. Pela primeira vez, finalmente conseguiu se livrar da culpa, da vergonha, dos sentimentos de rejeição e abandono, e não só ficou feliz por a mãe estar em paz e não sofrer mais, mas realmente perdoou-a de todo o coração. *"Antes sede uns para com os outros benignos, misericordiosos, perdoando-vos uns aos outros, como também Deus vos perdoou em Cristo"* (Efésios 4:32).

Sarah olha para sua jornada e para o tempo que se passou desde o suicídio com enorme gratidão. Foi difícil, muitas vezes excruciante, mas agora se considera uma sobrevivente de primeira classe, que pode passar por qualquer provação. Desenvolveu os dons da empatia, compaixão e uma profundidade que não tem certeza de que teria se não tivesse sido obrigada a realizar essa jornada e tem consciência da perspectiva que ganhou no decorrer de todos esses anos sobre o que importa e o que não importa. Ama e aceita o amor destemidamente, tendo vivido uma das piores coisas que podem acontecer e escolhido deixar que isso a levasse a um *insight* cheio de paz e não de amargura. A resiliência do espírito humano nunca deixa de surpreendê-la, um fato que tenta exemplificar para seus filhos todos os dias enquanto eles crescem.

Sarah também pensa na mãe todos os dias até hoje, e com uma percepção que nunca julgou possível: embora o suicídio seja definitivamente uma parte dela e sempre será, não a define mais.

A história de Sarah foi mais útil para mim do que imaginaria que pudesse ser. Sua força e determinação para sobreviver depois de um trauma tão terrível em uma idade tão jovem me apoiou. A sua experiência com o luto complicado, por mais circunstancial que seja, me lembrou que tentar enterrar a dor em muita negação e agitação em vez de abordá-la, não cura essa dor, isso só a adia e lhe dá poder para cegar você quando, inevitavelmente, vier a senti-la.

Talvez, acima de tudo, isso tenha me incentivado a usar um novo recurso de apoio – a vasta comunidade de sobreviventes a um suicida que estiveram onde Alex, Chloe e eu estávamos, as pessoas que já passaram pela difícil jornada que ainda tínhamos à nossa frente, uma jornada que eu temia.

CAPÍTULO CINCO

O MARCO NÚMERO DOIS, UM BEM GRANDE, CHEGOU LOGO depois que meus filhos voltaram para a escola. O fim de setembro trouxe o Yom Kippur, o Dia do Perdão e o dia mais santo do ano no judaísmo.

Fui criada como judia. Minha mãe italiana se converteu ao judaísmo quando se casou com meu pai. Sempre me considerei como uma judia cultural mais do que como uma religiosa – ia à sinagoga talvez duas ou três vezes por ano, e os feriados judeus que celebrava entusiasmada eram aqueles que envolviam refeições em família.

Rob não era judeu. Na verdade, não era religioso. Não desrespeitei isso nem achei que podia tentar ditar as suas crenças. Assim, não discuti quando, especialmente nos últimos dez anos de nosso casamento, ele parou de ir à sinagoga comigo nos feriados religiosos. Mas admito que, ao mesmo tempo, me ressentia com a recusa dele de pelo menos estar presente em ocasiões que tinham tanto a ver com a família. Me sentava ali sozinha, ou, às vezes, com Alex e/ou Chloe, no Rosh Hashaná[5] e no Yom Kippur e ficava pensando como seria ter um companheiro que quisesse estar ali só porque era importante para mim.

Quando Alex, Chloe e eu mudamos para o apartamento de Manhattan, nós passamos a frequentar a congregação reformada, local que Evan e sua esposa, Tanya, tinham acabado de se juntar. Amava a ideia de observar os dias santos do Yom Kippur e de Rosh Hashaná com

---

[5] "Ano Novo Judaico" ocorre no primeiro dia do mês, segundo o calendário judaico, também conhecido como dia da lembrança, período de introspecção e meditação, dura dez dias e termina no início do Yom Kippur.

minha família, especialmente o serviço memorial Yzhor do Yom Kippur, quando lembramos dos nossos entes queridos falecidos. Lamentaria a morte de Rob em público pela primeira vez, e era um grande conforto saber que não estaria sentada ali sozinha, rodeada por uma sinagoga cheia de estranhos enlutados. **Alex foi com amigos a um serviço em Columbia.** Chloe veio de Lawrenceville, e nós encontramos Evan e Tanya no templo. Eles já estavam sentados, Evan à esquerda de Tanya no banco. Me sentei ao lado de Tanya, com Chloe sentada à minha direita.

O Yom Kippur tinha sido um dia muito emotivo para mim nos últimos 12 anos, um dia para me juntar a milhares de outras pessoas enlutadas para lembrar e celebrar a vida das pessoas que amávamos e perdemos – em meu caso, a segunda esposa de meu pai, Iggy, de quem fui muito próxima; a melhor amiga de minha mãe, Claire; e minha madrinha, Marianne. Tanya estava lamentando a morte de seu pai, que tinha falecido em um trágico acidente de carro dois anos antes do dia em que Rob se suicidara. Agora, estávamos formalmente acrescentando Rob à lista. Isso seria muito doloroso.

Tanya já tinha uma pequena montanha de lenços de papel pronta no banco ao seu lado. Por razões que ninguém, nem eu, sabe explicar, nunca tenho lenços de papel no meu apartamento, então levei papel higiênico que tirei da bolsa e juntei aos lenços de Tanya. Era bom ter Tanya ali, e fiquei pensando se era bom para ela que eu estivesse ali. Aqui estávamos, lado a lado, duas mulheres que lidavam com carreira, família e a dor bruta da morte súbita. Me senti mais conectada a ela do que já tinha me sentido antes e fiquei maravilhada com o modo em que, sem dizer uma palavra, a experiência compartilhada do pesar pode aproximar as pessoas. Não é de admirar que esse serviço específico do Yom Kippur seja tão valorizado. Não importa o quanto alguém possa se sentir sozinho, quando passa pelas portas do templo, essa pessoa sabe que não estará sozinha quando for embora.

Estava me segurando com dificuldade até que Evan silenciosamente se levantou, passou pela esposa e por mim e se sentou do outro lado de Chloe. Nesse momento perdi o controle e desabei em lágrimas – havia algo de muito poderoso, comovente e terno em ver meu irmão mudar de lugar para confortar a sobrinha, minha filha, que estava ali para lamentar a morte do pai, que podia e deveria estar vivo

De repente, do nada, em meio às intensas emoções que se agitavam dentro de mim, um *flash* de raiva veio à tona. Geralmente, tentava afastar minha raiva quando se tratava de Rob porque parecia muito desrespeitoso, e me sentia culpada. Mas não naquele dia, não no Yom Kippur, não sentada perto de minha filha arrasada em um feriado que já era tão importante e emocionalmente complicado para mim. Rob parou de vir comigo nessa ocasião quando estava vivo, quando talvez precisasse de alguém que se sentasse ao meu lado e segurasse minha mão, independentemente de ele acreditar ou não. Muito bem. Foi a escolha dele. Agora, não estava aqui porque não estava vivo, e era o braço do meu irmão ao redor de nossa filha que a confortava, não o do seu pai. Muito bem. Mais uma vez, a escolha foi dele. Ele provavelmente teria até pensado que era ridículo estarmos sentados em um serviço religioso memorial, chorando por causa dele. Muito bem Rob. A escolha era *nossa*.

Yizkor[6] não é apenas para lamentar as pessoas que perdemos pessoalmente. É também para lamentar as pessoas que perdemos como uma comunidade. É sóbrio, é quieto, e há uma energia comunitária sagrada no ar que intensifica as preces pelas memórias dos falecidos; e nesse serviço particular também estávamos lamentando o marido de nossa cantora, que tinha morrido de câncer a menos de um mês antes. Mas ali estava ela, liderando aquela enorme congregação enquanto passava por seu próprio luto. Sua coragem equilibrada provocou uma nova onda de lágrimas em mim. Olhei ao redor na quietude do serviço com mil e tantos membros da congregação, imaginando por quem cada um deles estava chorando; o que cada coração estava passando; se mais alguém tinha perdido uma pessoa para o suicídio e estava tendo dores ocasionais como eu, e que a morte da qual estava lamentando era diferente, talvez não tão legítima ou merecedora de toda essa reverência como a

---

6 *Yizkor* (do hebraico "que Ele se lembre") é o serviço de finados feito no judaísmo quatro vezes ao ano, no Yom Kippur, Pessach, Shavuót e Sucót, tem como objetivo orar pelo falecido.

das outras pessoas. Será que se sentiam um pouco à parte como eu e um pouco envergonhados? Será que essas pessoas olhavam para mim e se perguntavam se eu devia estar ali, pois deviam ter ouvido falar sobre Rob no noticiário e, se me lembro corretamente, o suicídio não é considerado uma violação da lei judaica?

Estava acostumada a sair do serviço memorial do Yom Kippur emocionalmente esgotada. Dessa vez eu saí emocionalmente esgotada um milhão de vezes mais, muito perturbada e detestando esse sentimento.

Fiquei com isso por algum tempo e, finalmente, entrei em contato com um homem que talvez pudesse me dar alguma paz mental. O nome dele é Rabino David-Seth Kirshner. Ele era o rabino local em minha antiga sinagoga muitos anos atrás, Templo Emanu-El, em Closter, Nova Jersey. Nunca tinha me encontrado com ele, mas todos diziam que era articulado, carismático e, surpreendentemente, um defensor apaixonado do fim do estigma da doença mental e do suicídio, depois do suicídio de seu irmão.

Descobri depressa que ele era todas essas coisas e mais, quando começou nossa conversa me contando sobre seu primeiro sermão aos membros de sua nova congregação no Templo Emanu-El nos dias santos do Yom Kippur e Rosh Hashaná. Ele começou dizendo: "Vou compartilhar algo que é sincero, apaixonado e honesto, e espero que vocês ouçam assim – meu irmão Gabriel morreu por suicídio há dez anos atrás, e quero falar com vocês a respeito dele e de sua vida".

Estava feliz por estarmos no telefone e por ele não poder ver meu queixo cair. Aplaudi a sua coragem por ser tão aberto a respeito disso, especialmente sendo um rabino diante de um grupo de estranhos. Ele deixou o elogio de lado.

"Na verdade", disse ele, "eu não tinha planejado antecipadamente, mas olho para trás e vejo que isso foi uma das coisas mais saudáveis que já fiz". Por um lado, ele não ia lidar com o estigma, achar desculpas para a morte do irmão e se preocupar com a verdade do suicídio vir a público antes de estar pronto. Como ele disse: "Isso tem a ver com uma doença mental. Isso tem a ver com uma morte. Essa não é uma decisão de marketing". Por outro lado, queria se apresentar aos membros de sua congregação como mais humano do que divino. "Se vou ser o seu rabino, quero que vocês saibam desde o começo que passei por problemas também, do mesmo modo que vocês também passaram. Seja um câncer, ou problema financeiro, ou uma crise de família – seja o que for, eu também passei por essas coisas, e vocês podem vir falar comigo sobre qualquer coisa".

O rabino é o caçula de quatro meninos em uma família muito unida. O pai deles era um rabino e a mãe era dona de casa e estenógrafa no tribunal. Em 1975, o filho mais velho, Gabriel, 13 anos mais velho que o rabino Kirshner e com talento acadêmico, foi estudar na Academia Talmúdica, uma *yeshiva*[7] ortodoxa moderna para meninos fora de Baltimore, Maryland, para começar o oitavo ano. Os pais dele estavam em dúvida em relação a mandar o filho para estudar em um colégio interno, mas o conselheiro orientador, o rabino Ephraim Shapiro, ficou amigo deles e lhes prometeu cuidar de Gabriel.

O rabino Kirshner se lembra de estar com Gabriel, os irmãos e os pais, beijando e abraçando Gabriel, se despedindo dele e voltando para casa em Pottstown, na Pensilvânia.

Era, no que dizia respeito à família, a última vez que viam Gabriel. Quando voltou para casa, para visitá-los, ele era outra pessoa. Estava com raiva e violento, inadequado, chorava repentinamente e se recusava a todo e qualquer afeto e contato físico. Depois de seu primeiro ano na *yeshiva*, ele implorou para não voltar. Os pais ficaram pensando sobre a mudança que sofrera e sobre o fato de estar literalmente implorando para não ser mandado de volta a Baltimore; e esperavam que ao deixar que ficasse em casa e fosse para a escola pública com os três irmãos, Gabriel voltasse a ser como era antes.

O rabino Kirshner e toda a família aprenderam a andar sobre ovos na presença de Gabriel. Às vezes, ficava constrangido e envergonhado por Gabriel ser estranho e pelas outras pessoas rirem dele.

Então, quando estava com uns 25 anos, Gabriel parecia ter encontrado seu caminho de novo. Entrou para a Aeronáutica, se formou na faculdade com honras, se apaixonou, casou-se e se inscreveu na escola

---

[7] Nome dado às instituições que incidem sobre o estudo de textos religiosos tradicionais, em especial o Talmud e a Torá.

rabínica. Ainda era estranho, mas o rabinato o acolheu e conseguiu ser ordenado. Arranjou um emprego, e teve uma linda menina com sua esposa, desta forma a família ficou aliviada, feliz e orgulhosa por ele.

Então, aparentemente do nada, Gabriel, aos 36 anos, entrou em parafuso. O trabalho se tornou mais do que ele podia lidar, o casamento desabou, e o comportamento se converteu em algo cada vez mais errático e extremo. E, então, chegou o dia 17 de julho de 1996.

O rabino Kirshner estava em Israel, liderando um grupo de 65 adolescentes, quando foi chamado por um telefonema de emergência. O voo 800 da TWA tinha caído no Atlântico naquele dia, perto de East Moriches, Nova York, e o rabino se apressou até o telefone mais próximo, com medo que os pais de algum dos garotos estivessem naquele avião.

Em vez disso, disseram ao rabino Kirshner que ligasse para casa imediatamente. Conforme ouvia o telefone tocando na casa dos seus pais, se convenceu que se um dos pais atendesse o telefone, o outro deveria estar morto. Não estava nem um pouco preparado quando ambos atenderam e disseram: "Gabriel cometeu suicídio".

No processo de me contar essa história, ele me deu uma descrição perfeita para aquele momento quando o detetive da Port Authority me disse que Rob tinha pulado da Ponte George Washington e se matado.

"É como se você estivesse andando pela rua em um belo dia em Manhattan, o sol está brilhando, tudo está certo no seu mundo, e alguém, no último andar do prédio de apartamentos pelo qual você está passando joga água fervendo pela janela e o atinge. Sua primeira reação é: "O que foi isso?!" Sua segunda reação é: "Ai, meu Deus!" E depois tudo só começa a doer e criar bolhas e causar dor além de qualquer descrição".

Foi assim, exatamente.

Parece que, em um dia quando a esposa de Gabriel saiu da cidade por seis horas, ele entrou no carro com a garagem fechada, colocou a mangueira do jardim no escapamento do carro e levou a outra ponta para dentro do carro, e se envenenou com monóxido de carbono. Quando a esposa chegou em casa e o encontrou, o legista avaliou que Gabriel estava morto dentro do carro há três ou quatro horas. Apesar da evidência em contrário, o pai se agarrou pelo resto da vida à crença de que Gabriel escolheu o monóxido de carbono como o meio para o suicídio na esperança de que alguém o encontrasse e o parasse a tempo.

O rabino Kirshner era o único na família que ainda não era casado, então se ofereceu para ir até a Califórnia, onde Gabriel morava e morreu, para ajudar a viúva de Gabriel e a filha deles de 2 anos a fazerem as malas e se mudarem para Detroit. Ele se lembra disso como a época mais horrível de sua vida.

E especialmente em 1996, a família decidiu que não iam esconder a causa da morte de Gabriel como tantas outras famílias faziam. Não haveria um "ataque do coração", nem "acidente de carro", nem "causas naturais". Gabriel se matou. Essa era a verdade, e se eles podiam achar um modo de viver com ela, o resto do mundo também podia.

Como todas as pessoas que sobrevivem ao suicídio de um ente querido, o rabino Kirshner entrou em um padrão de reação que inclui choque, raiva, ressentimento e aceitação (para o qual ele usa a sigla SARA, em inglês). Com o tempo ele passou a acreditar que os sobreviventes vão e vêm entre a culpa e a responsabilização para se aliviar e se punir. Ele e sua família passaram pelo processo comum e muito doloroso dos "e se" e "se pelo menos", procurando respostas para todas as perguntas irrespondíveis sobre o que fez Gabriel tirar sua própria vida. E, então, começaram a "desfazer a bagagem dele", quase como investigadores forenses, para montar o quebra-cabeças da vida de Gabriel e descobrir mais a respeito dele, em busca daquele momento ou evento que desse a tudo o sentido que desejavam desesperadamente.

Demorou dez anos, mas finalmente a família descobriu uma dolorosa informação sobre Gabriel da qual não tinham conhecimento: enquanto Gabriel estava na Academia Talmúdica, o conselheiro de orientação gentil e protetor, o rabino Ephraim Shapiro, que tinha ficado amigo dos pais do rabino Kirshner e prometera cuidar do irmão dele, abusou sexualmente de centenas de meninos na academia. Em 2007, depois dos artigos que foram publicados expondo o rabino Shapiro nas revistas judaicas *The Forward* e *The Jewish Week*, o rabino Kirshner começou a procurar os colegas de classe de Gabriel, e eles confirmaram que

Gabriel era uma das vítimas de Shapiro. Aparentemente a única pessoa a quem Gabriel tinha falado a respeito do abuso tinha sido um psicanalista. Ele nunca contou para a esposa nem para ninguém na família.

De repente, finalmente, tinham alguém e algo para responsabilizar pelo suicídio de Gabriel, por um minuto. Mas depois dessa descoberta ter sido absorvida, o rabino Kirshner se descobriu voltando à mesma culpa horrível que o confrontava antes. Gabriel não tinha voltado para casa da Academia Talmúdica como o garoto feliz que ele e os pais tinham deixado lá, e implorou para não voltar. Obviamente, tinham sido ingênuos demais para fazer a conexão e consideraram que ele apenas estava "diferente". No fim das contas, quem se importava se tinha sido o trauma do abuso ou 50 outras coisas que provocaram uma depressão grave o bastante para levá-lo a tirar a própria vida? O rabino Shapiro tinha abusado de centenas de meninos enquanto esteve na academia. Se essa foi a causa direta do suicídio de Gabriel, então porque todos os outros rapazes não tinham se matado também? E com o tempo, o rabino Kirshner expandiu essa lógica também para a sua família. Gabriel era um entre quatro filhos, e todos cresceram na mesma casa que ele. Nenhum dos outros três tinha se suicidado. Então, talvez – provavelmente – o suicídio seja como um raio, que não tem nada a ver com você ter sido ou não amado ou abraçado o bastante na infância. É infinitamente mais profundo e mais complicado do que isso.

Infelizmente, no final, o rabino Kirshner percebeu que, quando seu irmão estava vivo, ele o via como diferente. Quando o irmão morreu, e o rabino Kirshner soube da vida dele, percebeu que o irmão só estava muito doente. Ele ainda se culpa por não ter entendido isso na época, e está tentando compensar isso agora, sendo um partidário da terapia e da retirada do estigma e esclarecendo como a doença mental permeia toda a nossa sociedade de modo indiscriminado. Quase todas as famílias na congregação dele estão lidando com um tipo ou outro de instabilidade mental, e lembra os filhos o tempo todo de que "Todo mundo tem alguma coisa". Ele valoriza a terapia em sua própria vida e admite abertamente que fica deprimido, mas que a terapia é seu jeito de ficar na frente disso.

Como disse em uma de nossas conversas, que me fez sorrir porque não duvido nada disso: "Tantos dos membros da minha congregação tomam cuidado com tudo que põem na boca e se exercitam seis vezes por semana, mas não fazem nenhum esforço para cuidar de sua saúde mental".

Também notou que, várias e várias vezes, quando alguém na comunidade da sinagoga é diagnosticado com uma doença física grave, como câncer, toda a comunidade se mobiliza, se oferecendo para levar e buscar as crianças na escola, cuidar das compras da casa, levar comida para a família, se revezar para acompanhar o paciente de câncer durante as sessões de quimioterapia e levá-lo às consultas médicas – fazem o que podem para ajudar, estão presentes, cheios de compaixão ativa sem um momento de hesitação. Suspeito fortemente, porém, que se o diagnóstico fosse depressão ou transtorno bipolar ou TOC ou qualquer outra doença mental, essa mesma comunidade provavelmente ficaria murmurando uns com os outros e se manteria a distância, em vez de se informar sobre o que fazer e como ajudar.

Na verdade, ele escreveu um blog incrível chamado "Mental Illness Is Not the 'Cooties'" (A doença mental não é 'piolho') que inclui uma lista de "coisas a fazer" de como a comunidade pode e deve lidar com a doença mental. Com a permissão dele, estou citando essa lista, visto que não poderia lhe fazer justiça o parafraseando:

Não sussurre sobre a doença mental. O progresso que foi conseguido pela comunidade LGBTQIA+ veio como resultado das pessoas serem corajosas o suficiente para saírem do armário e compartilharem suas identidades e histórias. Nós acolhemos o câncer de mama com fitas rosas, corridas e caminhadas anuais e um mês de zonas fora do campo cor-de-rosa na NFL. Então, nós também temos de "sair do armário" em relação à doença mental e acolher os que sofrem com ela. Ficar perto das pessoas com problemas de saúde e fazer planilhas do Google para refeições e caronas não são menos importantes para a pessoa que sofre de depressão do que para quem está fazendo quimioterapia. As doenças podem ter uma aparência diferente, mas estar doente nos deixa fora do nosso normal, e todos podemos aproveitar o benefício da ajuda. Isso vem de ser capaz de dizer em voz alta que estamos doentes, lutando contra uma doença mental e que precisamos de ajuda ou que estamos ajudando alguém com uma doença mental.

A doença mental também precisa de uma fita. Não sei quais cores estão disponíveis. Laranja é para controle de armas, roxo é para consciência de abuso sexual e amarelo é para os soldados norte-americanos e os que têm síndrome MIA. Talvez cinza, mas na verdade isso não importa tanto como poder usar nossa consciência na manga proverbial. Vamos falar sobre isso com mais liberdade e criar consciência e apoio.

A doença mental não é contagiosa, e precisamos parar de tratá-la como se fosse transmitida por um germe. Não tenha medo de ajudar as pessoas que precisem, de se aproximar delas e de ser o apoio de que elas necessitam desesperadamente e com o qual vão se beneficiar neste momento de carência. Igualmente importante, não espere que ela lhe peça ajuda. Seja proativo. A [autora e COO do Facebook] Sheryl Sandberg diz que o melhor apoio que ela recebeu depois da morte súbita de seu marido foi alguém que lhe perguntou: "O que você NÃO quer no seu hambúrguer?" Estar presente não vai curar a doença mental, do mesmo modo que caronas não curam o câncer. Mas a presença e o apoio importam.

Saiba os números. Nós não somos milagreiros nem mágicos. Não podemos fazer a doença desaparecer, mas podemos ajudar. Às vezes, a doença precisa de mais recursos do que uma planilha do Google pode oferecer. Saiba o número de telefone das *hotlines* de prevenção ao suicídio[8]. Tenha por perto os números de telefone de psiquiatras para poder oferecer um apoio que está além de seu nível de conhecimento. Não tente usar uma capa de super-herói nem oferecer soluções simples para resolver o problema.

E falando da comunidade LGBTQIA+, especialmente adolescentes, o rabino Kirshner tem consciência da ansiedade e da vulnerabilidade dessas pessoas ao suicídio, e ele vai até a comunidade em todas as oportunidades para levar a mensagem de que Deus aos que ama tanto

---

8 Caso você precise de ajuda emocional, ligue para o CVV (Centro de Valorização da Vida) centro de apoio e prevenção contra o suicídio, telefone:188, site https://www.cvv.org.br.

quanto ama a todas as outras pessoas. Deixando a política de lado, realmente é preciso uma aldeia. O fato triste é que muitos pais estão despreparados para lidar com questões LGBTQIA+, diz ele, mas isso não quer dizer que o mundo inteiro esteja. O rabino, o pastor, o médico, o conselheiro escolar, o treinador, as *hotlines* de apoio – são recursos disponíveis e compreensivos para os quais podem se voltar e cabe aos adultos, *todos* nós, fazermos nossa parte para garantir que os/as adolescentes saibam que não estão sós.

O rabino Kirshner é incentivado, porém, pelo progresso que está sendo feito no sentido de compreender melhor a doença mental e o suicídio no judaísmo. Há 100 anos, quando um judeu cometia suicídio, essa pessoa não podia ser enterrada com o resto da comunidade judaica. Eram enterrados no limite do cemitério, para dissuadir as pessoas de se matarem, com a mensagem adicional de que a doença mental realmente é diferente do câncer ou de um ataque do coração.

A evolução que está acontecendo é que os rabinos de todas as denominações, até mesmo os ortodoxos, estão finalmente dizendo que as pessoas que morrem de suicídio estão morrendo de uma doença mental; que a doença mental é um problema tão sério e tão involuntário quanto a doença física; e que não devemos virar as costas para os mentalmente doentes, da mesma forma em que não damos as costas a alguém que sofre de câncer, doença cardíaca ou de qualquer outra doença física.

O rabino Kirshner encontrou muita cura em sua luta pela retirada do estigma do suicídio e da doença mental, para honrar a memória de seu irmão e poupar tantas pessoas quanto possível da dor devastadora que Gabriel e toda a família dele sofreram. Mesmo depois de todos esses anos, ainda existe tristeza e ainda existem lágrimas – ele não acha que lidar com o suicídio de Gabriel necessariamente ficou mais fácil, apenas aprendeu como lidar melhor com isso, reconhecer a dor pelo que ela é e transformá-la de reativa em proativa sempre que tem uma oportunidade. Aliás, enquanto conversávamos, o rabino Kirshner não usou nenhuma vez eufemismos como "quando Gabriel morreu" ou "quando Gabriel faleceu". Ele sempre disse "quando Gabriel se matou" ou "quando Gabriel tirou sua vida". Mesmo em conversas particulares, ele não aceitava o estigma. Conforme lhe disse, isso é algo com o qual ainda preciso trabalhar.

O suicídio de Gabriel provocou grandes mudanças na família. Foi a única vez na vida que o rabino Kirshner viu seu pai, geralmente estoico, chorar; e quando falou no funeral do pai, ele disse: "O coração do meu pai parou de bater hoje, mas ele morreu há 15 anos, em 17 de julho de 1996".

Para o resto da família, porém, foi um recomeço, uma percepção mais aguçada de como a vida é frágil e uma determinação de agir que ainda é verdade hoje. Eles sempre foram próximos. A morte de Gabriel aproximou-os ainda mais. Eles não brigam. Não guardam rancor. Falam uns com os outros todos os dias. Fazem todo o possível para garantir que a filha de Gabriel fique ligada ao seu lado da família. Nunca perdem as reuniões de família. Nunca terminam um telefonema sem dizer "Eu te amo". E o rabino Kirsher transformou em sua missão pessoal tentar todos os dias ter o mesmo relacionamento com seus filhos e com os sobrinhos que ele amaria ter tido com seu irmão.

Um dos presentes mais valiosos que ele sente que o irmão lhe deu é uma clareza cristalina sobre prioridades, que inclui tolerância zero para drama e mesquinharia. Eu lhe contei sobre as conversas que estava tendo com a Dra. Simring sobre o "pavio curto" que estava vivendo, e ele compartilhou a mensagem que transmite aos membros de sua congregação e que também vive: "A vida é curta demais para implicar com coisas pequenas. Invista sua energia nas coisas e nas pessoas que importam. Caso contrário, deixe de bobagem".

Quem pode ser contra isso? E quem sabia que eu sairia das conversas com um rabino respeitado e amplamente famoso querendo bordar "Deixe de bobagem" em uma almofada? Falar com ele acendeu a luz mais renovadora a respeito do quanto costumava ficar irritada sobre o que não passava de "bobagem" e como estava começando a perceber que, no quadro geral das coisas, a maioria não importava nem um pouco. Por exemplo, detesto chegar atrasada. Minha pressão começava a subir se o trânsito ou alguma coisa além do meu controle atravessar o meu caminho e provocar um atraso. E agora? Eu ainda detesto me atrasar, mas se não puder fazer nada a respeito, muito bem, é melhor me atrasar do que não chegar lá, e isso parou até de ser registrado em meu estressômetro. Costumava entrar em pânico se um pouco de maquiagem caísse na minha blusa antes de entrar em rede nacional. E agora? Se um pouco de maquiagem acabar na minha blusa e um espectador reparar, só entendo como elogio o fato de ele prestar tanta atenção. Perdi um voo uma vez. A culpa era totalmente minha, aliás. Você teria pensado que era a crise mais horrível desde a queda do mercado de ações de 2008. E agora? Já cheguei em cima da hora algumas vezes e me descobri pensando: "Se eu perder este voo, é só pegar o próximo. Ou não". O rabino Kirshner estava totalmente certo – "deixe de bobagem" é um jeito muito libertador de viver.

Desliguei depois de nossa conversa inspirada, confortada e sentindo-me humilde diante da coragem e do seu ativismo, e mais do que um pouco sobrecarregada. Era tanta coisa para processar, quando só estava tentando viver um dia por vez, mantendo meus dois empregos e meus dois filhos bem. Ele tinha me dado muito para pensar. Talvez algum dia eu possa chegar lá. Bem que algum dia podia não parecer tão longe.

CAPÍTULO SEIS

EM OUTUBRO, EU TIVE DE LIDAR COM a obrigação física mais difícil desde o suicídio de Rob. As pessoas falam sobre cremação o tempo todo, mas nunca ouvi ninguém falar sobre a dolorosa tarefa que a acompanha. Finalmente tinha de buscar as cinzas de Rob. A funerária tinha ligado em agosto com um lembrete gentil e respeitoso de que eles estavam guardando as cinzas há seis meses, e queriam saber quando passaria lá para pegar. *Pavor* não é uma palavra forte demais. Pensar nisso era um horror, e sabia que nunca conseguiria fazer isso sozinha. Na hora, peguei o telefone e liguei para Michael Asch. Tem um motivo para ele ser meu melhor amigo. Antes mesmo de terminar a pergunta, ele disse: "Eu vou com você". Eu não disse nada sobre isso para mais ninguém, nem para Alex e Chloe. Eles teriam se oferecido para vir para casa da escola e ir comigo. Evan e vários outros amigos teriam se oferecido para ir comigo. Mas Michael é um daqueles amigos que cuidam de tudo e nunca precisam de uma explicação, ele simplesmente faz o que precisa ser feito, sem reclamar e sem drama. Era claro que tinha de telefonar primeiro para ele.

A agenda do Michael é tão louca quanto a minha, então o fato de termos demorado dois meses para cumprir essa tarefa triste não foi surpreendente. Para ser sincera, não tenho certeza de que poderia ter lidado com isso um minuto antes.

Tudo foi ainda pior, porque nosso tempo na funerária foi muito curto e sem cerimônia. Michael e eu entramos. Me identifiquei e expliquei por que estávamos ali, e alguns minutos depois alguém apareceu com uma sacola de cinzas que costumava ser o meu marido, o pai dos meus filhos, um cirurgião torácico muito respeitado, um cozinheiro espetacular, um leitor ávido, um adorador de cães e fã de hóquei. Enquanto essa pessoa vinha na minha direção com o que costumava ser Rob, tudo que conseguia pensar era: "Nunca, nem em um milhão de anos, eu pensei que isso fosse algo que teria de fazer. Ninguém nunca deveria ter de fazer isso".

A pessoa estendeu a sacola de cinzas para mim. Eu não disse uma palavra, e Michael também não. Ele apenas esticou a mão e pegou a sacola para que eu não precisasse fazer isso, e fomos embora. Posso ou não ter lembrado de dizer obrigada. As pessoas na funerária foram muito gentis, e esse não devia ser um trabalho fácil para elas. Não era culpa delas que não pudesse sair dali rápido o bastante. Tinha certeza de que, se passasse mais um minuto naquele lugar, eu iria parar de respirar.

Fomos para o meu carro. Eu estava chorando. Michael me abraçou e colocou a sacola no carro. Fui para casa muito feliz por não ter colocado Alex e Chloe nessa situação. Teria de deixar que decidissem o que fazer com as cinzas do pai quando estivessem prontos. Quando Rob foi cremado, pensaram em espalhar as cinzas no Maine, na propriedade de um amigo próximo cuja casa ele gostava de visitar. Depois, pensaram que talvez fosse melhor mais perto de casa, e lembrei-lhes que não havia pressa, não havia necessidade de decidir tão depressa depois da morte dele.

E por falar nisso, continuei tentando deixar as coisas mais leves, para evitar esse dilema, quando chegar a minha vez, queria que cada um deles ficasse com metade das minhas cinzas em uma urna ou uma sacola, em um lugar seguro para que não caíssem de uma lareira e fizessem sujeita no chão. Eles se entreolharam pensando "Ela está brincando?", e depois Alex disse:

— Então, para onde Chloe e eu formos pelo resto da vida, devemos levar as suas cinzas junto conosco?

— Com certeza – respondi. — Vocês nunca vão se livrar de mim.

Não foi fácil, mas consegui levar as cinzas de Rob do carro até meu apartamento. Não eram pesadas, eram só as cinzas de Rob. Eu sei. Sou uma médica. Uma ginecologista-obstetra.

Não tem muito o que eu não tenha visto e segurado nas minhas mãos. E já estive em vários funerais na minha vida. Mas nenhuma vez havia precisado realmente lidar com os restos mortais de alguém querido. Coloquei a sacola no meu closet e decidi não falar dele, nem deste dia horrível, para meus filhos, pelo menos até eles estivessem em casa para o Dia de Ação de Graças, ou mesmo depois.

Eles vieram no Dia de Ação de Graças, e ainda era cedo demais para falar sobre isso.

A sacola ainda permanecia no meu closet.

É claro, o Dia de Ação de Graças foi outro marco difícil. Nós íamos jantar com Evan e Tanya e com os dois filhos deles e meus pais. Seria o terceiro Dia de Ação de Graças sem o pai dela, e o nosso primeiro sem o Rob. Como era um feriado não religioso e havia comida envolvida, Rob *amava* o Dia de Ação de Graças.

Era também um bom lembrete de quanto tempo eu desperdiçava prevendo as coisas, com base no que achava que sabia com certeza. Um ano antes, Rob e eu estávamos nos divorciando. Tinha passado muito tempo nesse Dia de Ação de Graças imaginando como lidaríamos com isso depois de o divórcio estar terminado. Meus pais tiveram um divórcio amigável, mesmo que eles não gostassem muito um do outro, e estavam divorciados há quase 30 anos na época em que Rob e eu estávamos terminando nosso casamento. E desde o princípio, deixaram esses sentimentos de lado em feriados e eventos em família. Então, graças a eles, eu tinha os melhores modelos de como famílias mistas e divorciadas podiam ser em ocasiões especiais. Eu achava que Rob e eu podíamos continuar essa tradição e nos sentarmos juntos no jantar do Dia de Ação de Graças, como sempre. Caso contrário, nós nos revezaríamos e passaríamos Dias de Ação de Graça alternados com Alex e Chloe? E se conhecêssemos outras pessoas? Meus pais tinham lidado com isso, e eu tinha certeza de que nós também poderíamos. Mas e se um de nós encontrasse outra pessoa e o outro não? Eu, Alex, Chloe e uma outra mulher vendo Rob destrinchar o peru. Certo, talvez fosse um pouco estranho no início, mas nós daríamos um jeito. Eu imaginei tudo em que você puder pensar. Quando acabei, eu tinha certeza de ter imaginado todas as possibilidades. Exceto uma, obviamente. Nem em meus sonhos mais loucos e sombrios eu tinha imaginado essa. "O homem põe, e Deus dispõe."

O Dia de Ação de Graças de 2017 foi perfeitamente bem. Começamos a refeição lembrando, sem dizer nomes, as pessoas que amamos que estiveram conosco, mas não estavam mais, e celebramos o feriado reconhecendo as muitas coisas pelas quais éramos gratos: nossa família, a saúde, a prosperidade, estarmos juntos, a bela refeição, e os filhos de Evan e Tanya, meus sobrinhos de 6 e 2 anos, que estavam em suas próprias zonas de "não tristeza".

Foi um Dia de Ação de Graças menos alegre, com uma gratidão mais muda do que o comum, talvez como o de um pequeno grupo de pessoas cujo navio naufragou e que estavam agradecendo a Deus por terem chegado ao bote salva-vidas. Mas mesmo assim era gratidão e, como sempre, pensei na polícia, nos bombeiros, nos técnicos de emergência médica e em todos os outros primeiros a responder a chamados de emergência, e certamente nos homens e mulheres nas forças armadas que defendem nosso país. Meu pai era um capitão da Força Aérea dos Estados Unidos, e eu nasci na Base George da Força Aérea na Califórnia. Meu respeito pelos militares é imensurável, e criei meus filhos para nunca deixarem passar uma oportunidade de agradecer a eles por seu serviço.

Então, eu fiquei especialmente tocada quando, algum tempo depois desse Dia de Ação de Graças, conheci uma mulher chamada Kim Ruocco. Kim é bacharel em Serviços Humanos e Psicologia pela Universidade de Massachusetts em Amherst e mestre em Serviço Social Clínico pela Universidade de Boston. É também a vice-presidente de prevenção de suicídio e pósvenção na TAPS, o *Tragedy Assistance Program for Survivors* (Programa de assistência em tragédia para sobreviventes), uma organização de serviço aos militares.

Kim é viúva e mãe solo desde 2005, quando o seu marido, o Major John Ruocco, do Corpo dos Fuzileiros Navais, se enforcou em um quarto de hotel perto do Camp Pendleton, na Califórnia, enquanto aguardava reencaminhamento para o Iraque.

Desde o momento em que nos encontramos, não nos sentimos só como membros da comunidade de sobreviventes ao suicídio de pessoas queridas, nós nos sentimos como almas gêmeas. Nós duas tínhamos perdido homens que amávamos para o suicídio. Nós duas somos mães, determinadas a fazer o que for preciso para ajudar nossos filhos a passar pela perda de seu pai. E nós duas, como profissionais de saúde, ainda nos perguntamos o que deixamos passar e o que podíamos ou devíamos ter feito diferente para não deixar que homens de quem éramos tão próximas se matassem.

Kim e John se conheceram na faculdade em um dormitório misto na Universidade de Massachusetts em Amherst, e foi um caso clássico de amor à primeira vista. John era um cara carismático e a alma da festa, divertido, criterioso, maravilhoso, um amigo leal e dedicado que tinha o dom de fazer com que as pessoas ao seu redor se sentissem especiais. Eles ainda estavam profundamente apaixonados quando se casaram, oito anos depois.

John tinha sonhado em ser um fuzileiro naval desde que era um garoto. Seu pai italiano e sua mãe irlandesa, ambos católicos devotos, queriam que ele seguisse outra carreira, quase qualquer outra, que mantivesse o filho deles em segurança; e por respeito a eles, John tentou sem sucesso encontrar um novo sonho. Kim lhe garantiu que ela apoiaria qualquer decisão que ele tomasse, e ambos ficaram muito felizes quando finalmente John entrou para o Corpo de Fuzileiros.

Ele se desenvolveu e se saiu muito bem, terminando entre os primeiros de todos os cursos, inclusive a escola de pilotagem. Se tornou piloto de helicóptero de ataque Cobra e se sentia muito bem com isso: a missão do Cobra é voar baixo sobre os soldados de infantaria em batalha e protegê-los das ameaças, e ele gostava de trabalhar de perto com a infantaria.

A primeira base de John ficava na Carolina do Norte. Os quatro anos que ele e Kim passaram lá definiram o curso do resto de suas vidas. Os dois filhos nasceram ali. John foi mobilizado duas vezes e foi enviado para outros treinamentos de modo que ficou longe meses seguidos. Dois de três furacões que ocorreram lá obrigaram Kim e as crianças a saírem da base para ficar em segurança. (Ela ficou um pouco aborrecida por saber que, quando os furacões estavam se aproximando, os pilotos do Corpo de Fuzileiros corriam para levar as aeronaves para um lugar seguro, enquanto as esposas e as crianças ficavam para trás.)

Mas de longe os eventos mais devastadores daqueles quatro anos foram os acidentes de treinamento em que oito dos amigos de John foram mortos. John esteve em várias das missões em que os acidentes aconteceram e nunca parecia haver tempo e espaço para o luto e para recuperação. Essencialmente, o exercício era estar presente no serviço memorial e, depois, voltar direto para o *cockpit*[9] para mais treinamento ou mobilização. Kim ainda se lembra de entrar no clube dos oficiais uma noite e ver sete mulheres que enviuvaram nesses acidentes sentadas ali, todas elas com 20 ou 30 anos. "Eu nunca vou estar aqui", ela pensou. Em outras palavras, diz ela agora, estava em negação total.

Foi depois desses acidentes fatais, e depois do nascimento de seu primeiro filho, que John teve o primeiro episódio de depressão. Ele ficou ansioso a respeito de voar, com medo de cometer um erro e ferir alguém, ou pior. Durante essa depressão, John falou com Kim pela primeira vez a respeito de um acontecimento horrível quando estava no ensino médio – ele teve uma colisão de frente com outro carro, e o motorista do outro carro morreu no acidente. Ele não recebeu ajuda profissional depois dessa tragédia, e o único conselho que os pais lhe deram foi: "Reze e vá se confessar". Então John entrou para o Corpo de Fuzileiros com muito luto não resolvido e o trauma que voltou à superfície com a perda de seus amigos.

Kim ficou dividida. Ela era muito experiente nas questões de saúde mental e depressão por causa de seu grau em serviço social clínico e sabia da importância de ter ajuda profissional. Mas, também sabia que dizer para qualquer pessoa fora da família que John estava tendo dificuldades podia afetar negativamente a sua carreira militar e colocar em risco as asas que ele tinha trabalhado tanto para conquistar.

Em vez disso, concentrou muito tempo e atenção em tentar ajudá-lo, por meio de exercícios, uma dieta saudável, uma vida com o mínimo de estresse possível, prece, e tudo o mais em que pudesse pensar para diminuir a sua ansiedade e ajudá-lo a sair da depressão. Quando ele não apresentou melhora, ela finalmente o convenceu a procurar um de seus supervisores na base e contar o que estava se passando.

O conselho do superior foi apenas: "Todos passam por momentos assim. Tire algum tempo de folga, não faça tratamento e não tome nenhum remédio. Isso poderia interferir em sua capacidade de voar e manter sua posição". Em outras palavras: "Engula e não conte

---

9 Espaço onde se aloja o piloto nos aviões, carros de corrida e algumas embarcações.

para ninguém. Você devia ser capaz de passar por isso sozinho como todo mundo".

Quando John conseguiu cerrar os dentes e chegar ao outro lado da depressão, pediu desculpas a Kim. "Nunca mais vou colocar você nessa posição", lhe prometeu. "Eu fui um bebezinho, um covarde. Nem acredito que fiz isso com você e com nosso filho." Ele aprendeu a ver sua ansiedade e depressão não como doenças mentais legítimas, mas como falhas de caráter que não teriam acontecido se ele tivesse sido mais forte e mais "homem de verdade".

John foi designado para um posto de prestígio no Pentágono, então ele e Kim pegaram as crianças e se mudaram para a cidade de Washington. As novas obrigações de John o encarregavam das designações e o obrigavam a tomar muitas decisões que eram muito impopulares e interferiam com a vida de muitas pessoas. Como alguém que naturalmente quer agradar as pessoas, ele estava tendo dificuldades e esse posto o estava desgastando intensamente.

Finalmente, eles começaram a conversar sobre sair do Corpo de Fuzileiros e voltar para Massachusetts, onde moravam as famílias de ambos, e onde Kim tinha começado uma carreira bem-sucedida como assistente social no famoso Hospital McLean quando John entrou para o serviço militar. Eles criaram um plano em que ele deixaria o serviço ativo, passaria para a reserva e voaria para companhias aéreas comerciais. Ele ainda faria o que amava, mas teria mais estabilidade. Ambos estavam cheios de esperança e animados com a vida e o futuro, quando voltariam a morar perto da família, que os esperava de braços abertos.

Estavam morando em Oklahoma, onde John estava empenhado em conseguir horas de voo para pilotar uma aeronave comercial antes da mudança para Massachusetts, quando os indescritíveis ataques terroristas de 11 de setembro aconteceram, um evento que mudou a trajetória de inúmeras famílias de militares.

"Isto vai mudar tudo para nós", John disse a Kim. "Será uma guerra. Vão precisar de mim."

Ele tinha prometido para a família que se mudaria com eles para Massachusetts. Tinha prometido ao Corpo de Fuzileiros que estaria ali se precisassem dele. Estava treinando pilotos da Força Aérea dos EUA em jatos, e estava treinando para voar com a Southwest Airlines esperando ser contratado. Agora, não conseguia imaginar a possibilidade de sair do Corpo de Fuzileiros dos Estados Unidos, porque precisavam dele mais do que nunca.

Um dia ele disse: "Estou cansado".

Kim olha para trás hoje e ainda se culpa por deixar que a mentalidade de animadora de torcida das esposas de militares suplantasse seu julgamento e seu conhecimento. Em vez de dizer: "É claro que você está cansado! Vamos descobrir agora como tirar parte disso dos seus ombros", ela se ouviu dizendo: "Você é John Ruocco! Você pode fazer isso! Você já conseguiu!"

Ele decidiu que, quando a guerra começasse, deixaria o serviço ativo e se uniria a um esquadrão de helicópteros da reserva que sabia que seria mobilizado. O esquadrão estava estacionado na Pensilvânia, pelo menos a uma distância viável de Massachusetts, onde tinham acabado de comprar uma casa. Não era perfeito, mas era o melhor que podiam fazer.

Pouco depois, o esquadrão de John foi designado para Fallujah, no Iraque, por cinco meses. Era um período instável e terrível no Iraque e, no breve período em que esteve lá, participou de 75 missões de combate, voando pelo menos uma vez por dia. Quando voltou para casa para passar o Dia de Ação de Graças, em 2004, estava magro, retraído, agitado e impaciente, sem interesse em comer seus pratos favoritos e em socializar com a família e os amigos. Kim fez o que podia para deixá-lo à vontade e criar um Dia de Ação de Graças tradicional e feliz para as crianças. Ela também tentou se convencer de que era irreal esperar que ele fosse o mesmo homem que era quando partiu para um período muito difícil de combates, e que era compreensível que ele precisasse de paz, tranquilidade e espaço. Kim estava preocupada com ele, com medo de que fosse mais do que um problema de ajustamento, mas continuou a afastar esses pensamentos e a se concentrar em fazer com que ele soubesse como todos estavam felizes por estar em casa de novo para um feriado que eles sempre amaram. Imediatamente me lembrei de como Rob parecia mal nos dias anteriores ao suicídio. Eu decidi que devia ser por causa da tristeza com o divórcio. Em outras palavras, como Kim, eu me apeguei à explicação mais simples, mais óbvia e menos assustadora em que pude pensar.

John e Kim também tiveram de lidar com algumas coisas difíceis que tinham acontecido enquanto ele estava fora: não tinha conseguido o emprego na Southwest Airlines, e o esquadrão a que estava ligado mudara da Pensilvânia para San Diego, a 4.800 quilômetros de sua família. Partiriam para o Iraque em março, o que exigia meses e meses de treinamento, então John teve de partir para San Diego logo depois do Dia de Ação de Graças, sem ter tempo suficiente para se reconectar e se reorganizar antes de ter de partir para seu próximo turno de combate.

John e Kim fizeram muitos telefonemas de longa distância nas semanas que se seguiram e, quanto mais conversavam, mais Kim percebia que John estava mesmo com problemas. Ela ligou para ele no domingo do Super Bowl, 6 de fevereiro de 2005, depois de ter visto o time dele, o New England Patriots, vencer o Philadelphia Eagles. Esperava ouvir alguma empolgação em sua voz. Em vez disso, parecia estar muito mal. Ele tinha ficado na cama do quarto de hotel o dia inteiro, e os alarmes soaram na cabeça da Kim quando ele admitiu que não tinha visto o Super Bowl – um jogo que amava e que esperava todos os anos.

"John, você tem de conseguir ajuda. Não importa se vai afetar sua carreira, você tem de fazer isso", ela implorou. Ele não só concordou em ir a um serviço de aconselhamento para fuzileiros navais em San Diego, chamado *Behavioral Health*, como também lhe disse que tinha marcado uma viagem a Massachusetts para dali a alguns dias.

"Isso é bom", pensou ela, "ele está fazendo planos para o futuro". Depois respirou fundo e perguntou: "Você está se sentindo tão mal que está pensando em suicídio?"

Ele respondeu, sem um momento de hesitação: "Eu nunca poderia fazer isso com você e os meninos".

Não pude resistir e interrompi Kim para lhe contar sobre a resposta "absolutamente não" de Rob quando a Dra. Simring lhe perguntou se estava tendo algum pensamento sobre suicídio. Kim me contou que a negação é, na verdade, uma resposta comum das pessoas que estão pensando em se matar, e ela ficou tão aliviada ao ouvir a resposta firme "não" de John quanto eu fiquei ao ouvir a de Rob.

Ainda assim, Kim sabia que procurar ajuda seria algo extremamente difícil para John. Puramente por instinto, entrou no carro, dirigiu para o Aeroporto Logan, pegou o voo mais cedo possível e foi para San Diego para apoiar o marido e ir com ele para o *Behavioral Health*.

Ela chegou na manhã seguinte e ligou imediatamente para John. Sentiu um frio na boca do estômago quando ele não atendeu o celular nem o telefone do quarto do hotel. Então alugou um carro e começou a procurá-lo. Ele não tinha ido trabalhar. Ela ligou para *Behavioral Health* e para as clínicas de emergência na base.

Nada. Ninguém o tinha visto. O seu coração ficou pesado quando entrou no estacionamento do hotel e encontrou o local cheio de veículos do Corpo de Fuzileiros.

Saltou do carro e correu para o quarto de John. E chegou à porta bem a tempo de encontrar um fuzileiro naval saindo muito perturbado.

Ela nem precisou perguntar. Já sabia e caiu de joelhos. John estava morto. Ele tinha se enforcado. Era 7 de fevereiro de 2005, três meses depois de retornar do Iraque.

E naquelas horas de choque e desespero, sem perceber naquele momento, ela foi lançada em uma nova fase de sua vida.

Como uma morte inesperada, o suicídio de John tinha de ser investigado. Uma equipe de policiais, detetives, especialistas em trauma e um sacerdote de repente encheram o quarto de hotel. Kim estava em pânico e concentrada na única questão em sua mente: "Como vou contar para meus filhos?"

Os filhos eram extremamente próximos ao pai. Ele era o técnico esportivo deles, seu companheiro de brincadeiras, seu herói de guerra da vida real e eles o adoravam.

— O que eu vou dizer a eles? – perguntou ao padre católico.

— Bom, você sabe o que a Igreja pensa sobre o suicídio, não sabe? – perguntou ele.

— Não – disse ela — eu não sei.

Ele olhou para ela sem nenhum traço de compaixão.

— É um pecado mortal.

Ela ficou incrédula.

— Você quer que eu diga a meus filhos que o pai deles está morto e que ele vai para o inferno? Como ousa? Como você pode dizer algo assim? — Ela perdeu totalmente o controle e começou a gritar — Saia daqui! Fique longe de mim!

O especialista em trauma levou-a para um canto com gentileza. "Sra. Ruocco, seus filhos são novos demais para entender o suicídio. A senhora deve só dizer a eles que o pai morreu em um acidente."

Todos os seus instintos, e todo o seu conhecimento, diziam que isso era a coisa errada a fazer. Mas de que serviram os instintos e o seu conhecimento na hora de salvar John? Ela havia perdido tantas coisas, todos os sinais que deviam ter lhe mostrado com quantos problemas ele estava, todos os sinais que podiam tê-la ajudado a salvar a vida dele. Estava vulnerável demais e em choque demais para confiar em seus instintos, assim, ligou para a irmã, que estava cuidando dos meninos e lhe disse para contar a eles que o pai tinha morrido em um acidente. Kim voou de volta a Massachusetts naquela noite, com a mente girando com o pesar e o cérebro explodindo de ansiedade, enquanto tentava imaginar como manter a mentira que tinha contado aos filhos. Como ela ia impedir que as pessoas contassem a verdade a eles? Como ela ia protegê-los de saber que não houve um acidente e que o pai tinha se matado? Eles iam à missa todos os domingos. Como ela podia protegê-los de uma Igreja que aparentemente acreditava que o pai deles tinha ido para o inferno? Como ela podia ter certeza de que todos fora da família soubessem manter a história do acidente? Ela devia simplesmente trancar os filhos em casa com ela e a família e mantê-los isolados por... quanto tempo? Dias? Semanas? Meses? Isso era impossível. Mas ainda assim... Ficou com raiva ao perceber que essa mentira estava quase sendo mais importante do que proteger seus filhos.

Kim passou as duas semanas seguintes no piloto automático, mal percebendo todas as atividades tradicionais de luto que aconteciam a seu redor e ainda menos capaz de se lembrar delas. Sua primeira lembrança clara desse período horrível foi um momento que ela vai lembrar pelo resto da vida, um momento que a levou de volta à consciência aguçada e total.

Ela estava levando os filhos para a festa de aniversário de 11 anos de seu filho mais velho, Joey, quando ele calmamente confessou no banco de trás:

— Sabe, mamãe, eu acho que matei o papai.

Lutando para manter a calma, parou o carro e foi para o banco traseiro.

— Como assim, querido?

Havia lágrimas nos olhos dele, e o coração dele estava partido quando ele finalmente abriu sua alma.

— Na última vez em que ele estava em casa, nós estávamos comendo nachos, e eu perguntei se podia pôr sal nos nachos dele. Ele disse que não, porque sal demais era ruim para o coração. Mas quando ele não estava olhando, eu pus sal mesmo assim. O papai deve ter tido um ataque do coração, e foi por isso que ele teve um acidente.

Como Kim descreveu, isso "me deixou arrasada". Ela sabia intelectualmente que, quando algo não faz sentido para uma criança, elas preenchem os vazios de um modo que as prejudica.

Como não havia se dado conta de que essa regra também se aplicava a seus filhos? Ela não ia deixar que seu filho continuasse nem por um minuto mais culpando-se por algo que era uma mentira. Ela percebeu que a única forma para que sua família se curasse era com a verdade e a honestidade.

Então, em palavras simples e diretas que eles podiam entender, ela contou a eles. Falou sobre a depressão do pai. Sobre toda a dor que ele sentia. Sobre como um dia ele estava sentindo tanta dor que não conseguia pensar neles, nem nela. Apenas queria que a dor fosse embora. Não era culpa deles, de jeito nenhum; e desse dia em diante, ela nunca mais inventaria histórias de novo. Seria completamente sincera com eles e prometeu que passariam por isso juntos, independentemente do que acontecesse.

A organização militar TAPS – *Tragedy Assistance Program* (Programa de assistência em tragédia para sobreviventes) oferece apoio de colegas e recursos de luto a famílias e entes queridos daqueles que morreram servindo em nossas Forças Armadas ou em resultado desse serviço, sem custo para os sobreviventes. Kim procurou a TAPS quando ficou sabendo sobre o acampamento anual para crianças no fim de semana do *Memorial Day* e do seminário de cura para adultos. As crianças teriam uma ótima experiência.

Cada criança no acampamento da TAPS tem um mentor que é um voluntário que está em serviço na ativa. Havia 600 crianças no acampamento naquele fim de semana. Todas, menos uma, encontraram um mentor imediatamente. O único que sobrou foi Billy, o filho de 9 anos de Kim, a quem disseram: "O mentor que estava combinado para você não pode vir, então estamos tentando encontrar um outro para você".

Billy ficou arrasado, chorando e se sentindo rejeitado e isolado de todos os outros garotos, como aquele que ninguém queria.

Então, minutos depois, um fuzileiro naval veio falar com ele e perguntou:

— Você é o Billy?

Billy fez que sim com a cabeça, ainda chorando.

O fuzileiro sentou no chão na frente dele.

— Tenho uma história para lhe contar, e você não vai acreditar – disse ele. – Acabei de voltar do Iraque e queria fazer alguma coisa para ajudar. Então, comecei a procurar no Google os acampamentos militares para crianças e encontrei o TAPS. Estou aqui pagando do meu bolso, aliás, e fiz o treinamento para ser um mentor. Entrei em uma sala hoje pela manhã e perguntei se algum dos garotos não tinha um mentor. E eles disseram: "Só o Billy Ruocco". No meio de 600 garotos. Eu disse: "O filho do John Ruocco?" Eles responderam: "Isso".

Billy tinha parado de chorar e estava ouvindo com atenção.

— Billy, eu voei muitas missões com o seu pai no Iraque. Houve vezes em que ficamos sob fogo, e seu pai me ajudou a voltar para a base. E agora, eu estou aqui para ajudar você.

Esse maravilhoso fuzileiro naval tem sido mentor e amigo de Billy desde então, e essa tem sido uma ótima experiência de cura para os filhos de Kim e para o fuzileiro naval – ele pode lhes contar sobre a coragem e a liderança de John em combate, e eles contaram como John era como pai.

Ele esteve nas formaturas do ensino médio e da faculdade deles e tem se orgulhado de estar presente para os filhos de seu amigo de batalha, e Kim e os meninos podem sentir a presença de John por meio dele, como se John o tivesse enviado pessoalmente.

Kim certa vez teve o prazer de conhecer Iris Bolton, uma pioneira, escritora e palestrante no campo da perda por suicídio, que lhe disse: "Existem presentes nisso. As pessoas não gostam de ouvir isso quando estão passando pela perda, mas isso é mesmo verdade – se você procurar por eles, se estiver aberta a eles, se os aceitar, eles estarão ali".

Nunca pensei desse jeito; mas quando Kim me contou essa bela história, eu percebi que Alex, Chloe e eu recebemos um presente quase idêntico, quando os melhores amigos de Rob disseram a meus filhos: "Vocês podem ter perdido um pai, mas agora têm mais três bem aqui". Sim, eu realmente acredito que John enviou aquele fuzileiro naval até seus filhos, assim como acredito que Rob enviou seus melhores amigos até meus filhos. A palavra *presente* é uma descrição perfeita.

A experiência que os filhos de Kim tiveram naquele primeiro fim de semana no TAPS foi ótima, mas a experiência de Kim a decepcionou. taps oferecia apoio de pares para qualquer pessoa enlutada com a morte de alguém no serviço militar, independentemente de como essa morte aconteceu. Como o suicídio é um tipo totalmente diferente de morte e de luto, Kim se viu rodeada por pessoas que estavam em uma jornada muito diferente da dela. Ainda estava imaginando o porquê e como o suicídio de John tinha acontecido; ainda se perguntava sobre a mente suicida e como ela funciona; ainda tentava entender porquê ela não havia percebido os sinais ao longo do caminho; ainda tentava reencontrar sua fé depois de a Igreja lhe dizer que o marido, o melhor homem que ela havia conhecido, um homem que servira ao seu país com orgulho e paixão, e que precisou de ajuda desesperadamente, tinha ido para o inferno por se matar; ainda lutando com a vergonha e a culpa e a ênfase em como John tinha morrido em vez de em como ele tinha vivido e servido, enquanto as outras mortes de militares eram honradas com medalhas, monumentos e paradas.

Kim se sentiu tão isolada e sozinha naquele seminário de fim de semana que foi falar com Bonnie Carroll, a presidente e fundadora da TAPS. Kim explicou como o processo de luto é muito mais complexo para os sobreviventes a um suicida e porquê, e falou com ela sobre as necessidades e recuperação específicas dos sobreviventes a um suicida. Então, Kim já tinha procurado outros sobreviventes a um suicida entre os militares e descobriu que eles estavam tendo as mesmas dificuldades que ela e seus filhos tinham, e ela esperava que Bonnie e o TAPS pudessem encontrar um modo de ajudar com as necessidades específicas deles.

Sem um momento de hesitação, Bonnie disse: "Vamos fazer isso". E assim, ela e Kim começaram a criar programas voltados para os desafios enfrentados pelos sobreviventes a um suicida, e desenvolveram um modelo de três partes que ajudam as pessoas a evoluírem do abatimento para o que ela chama de: "crescimento pós-traumático".

A parte um é a estabilização: estabilizar questões específicas do suicídio e constrói uma base sólida para a jornada do luto. Entre muitos fatos básicos, isso aborda preocupações comuns como: contar às crianças o que aconteceu de modo apropriado à idade; lidar com suas crenças espirituais, ou dentro de sua comunidade de fé ou em um novo caminho espiritual; tratar seu próprio trauma não resolvido e suas questões de saúde mental; e identificar os problemas de família que podem estar no caminho de uma jornada de luto saudável e ajudar a recontextualizar esses problemas e a curá-los quando a jornada se inicia.

A parte dois é o trabalho de luto: integrar o luto na sua vida. Perda e luto não são um evento pronto e acabado. São processos que duram a vida inteira, uma parte da sua vida desde o momento da perda. O luto é amor. Você sente pesar porque você amou. O trabalho com o luto ajuda você a ir além do trauma de como a pessoa morreu para se lembrar como ela viveu e, então, ajuda você a desenvolver um novo relacionamento com o falecido – a morte de alguém amado não significa a morte do relacionamento, afinal de contas. Então, como você continua esse relacionamento de uma maneira que seja saudável para o sobrevivente? A parte dois inclui aprender a se relacionar com o falecido e a incorporá-lo em sua vida de diversas maneiras, desde tradições a se comunicar com ele para acolher e celebrar suas lembranças dele em vez de afastá-lo.

A parte três é chamada de crescimento pós-traumático: depois que as pessoas integraram o seu pesar e suas lembranças do falecido em sua vida e criaram um novo relacionamento com ele, elas desejam extrair significado de sua perda e encontrar maneiras de honrar seu ente querido. Alguns escolhem fazer isso simplesmente olhando para o mundo com mais compaixão e apreciação. Outros fazem isso criando um novo propósito para si mesmos. Outros ainda tornam-se mentores de pessoas que passam pela mesma situação, servindo como faróis de esperança para aqueles que ainda estão na fase de cura do luto ou se envolvendo ativamente no trabalho de prevenção.

O que Kim descobriu com a vasta maioria de sobreviventes a um suicida com que trabalhou, e consigo mesma e os filhos, é uma linha comum de aprofundamento da empatia conforme a cura continua; uma conexão muito gentil e amorosa com as pessoas que os rodeiam; e uma percepção de como o que aconteceu com eles é similar ao que outras pessoas estão passando. Isso me levou imediatamente de volta a algumas conversas que tive com meus filhos logo depois de Rob se matar.

Quando Chloe voltou à escola, conversou com um dos membros do *Friends Helping Friends* (Amigos ajudando amigos), cuja mãe tinha morrido de câncer de pele. Quando estava me contando sobre isso, disse: "Nem posso imaginar como deve ter sido horrível ver a mãe ter uma morte tão lenta e dolorosa".

E Alex estava me levando à casa de seu melhor amigo para jantar uma noite quando disse: "Mamãe, eu nunca pensei realmente sobre suicídio e quantos modos horríveis existem de se matar. Mas, muitas vezes, as pessoas têm de encontrar o corpo, e nunca mais poderão tirar essa visão de sua mente. Meu Deus, isso deve ser tão terrível".

Meus filhos haviam acabado de perder o pai e já estavam sentindo empatia pelas outras pessoas e percebendo que, por mais difícil que fosse acreditar, existiam outras pessoas que tinham enfrentado coisas piores do que eles. Segundo Kim, depois de todos seus anos na organização do TAPS, essa é uma reação muito comum de sobreviventes, e a tem inspirado e lhe dado esperança por todo o seu próprio processo de cura — isso e a reconexão com sua espiritualidade. Ela acabou se afastando da Igreja Católica, pois, havia muita vergonha e culpa entremeadas com as mensagens. Ficou sabendo que a Igreja Católica não acredita mais que o suicídio seja uma morte pecaminosa, nem que seja tratado como uma morte pecaminosa na Bíblia; mas ainda existem muitos padres que pregam contra isso. Seja ou não sua forma de tentar prevenir o suicídio, acontece às custas dos sobreviventes e é completamente contrária à crença de Kim em um Deus amoroso, compassivo e que perdoa. Ela encontrou uma nova comunidade de fé que acredita e celebra *esse* Deus, e sua espiritualidade renovada está acrescentando uma nova força e alegria em sua vida.

Os muitos anos de Kim com o programa de prevenção e pósvenção para a TAPS a levaram a reunir uma enorme quantidade de pesquisa sobre o como e o porquê do suicídio. É claro, não há uma resposta simples, mas ela sabe que quanto mais entender a respeito disso, mais poderá contribuir para os sobreviventes, incluindo ela mesma e seus filhos. Compartilhei algo que a Dra. Simring me disse e que ficou gravado em mim: "As pessoas acabam com a própria vida quando perdem duas coisas: a esperança no amanhã e o medo da morte".

Kim concordou completamente com isso, acrescentando algumas coisas que aprendeu ao ler estudos do escritor e suicidologista Thomas Joiner, que também é um sobrevivente a um suicida. As pessoas em qualquer profissão que exija uma diminuição do medo da dor e uma diminuição do medo da morte, como os militares ou os médicos, já correm um risco maior de suicídio. Acrescente a perda da esperança e o acesso a meios letais, ou uma "arma" específica que possam usar para acabar com a própria vida, e é doloroso, mas quase compreensível que existam mais de 11 mil famílias sobreviventes ao suicídio de um ente querido no banco de dados atual da TAPS de Kim, todas enlutadas pelo suicídio de um militar, com três ou quatro novos casos a cada dia.

E sem dúvida, uma das mensagens mais poderosas que Kim tem a compartilhar vem das conversas que teve com as pessoas que sobreviveram a tentativas de suicídio. Todos nós, sobreviventes a um suicida, que passamos inúmeras horas pensando no que podíamos ou devíamos ter feito de forma diferente, as perguntas sem resposta "Por que eu não fui suficiente?" e "Como eles podem ter feito isso a mim/nossos filhos/todos que o amamos?", podemos encontrar um triste conforto ao ouvir que em todas essas conversas, essas pessoas descreveram praticamente a mesma coisa: uma tempestade perfeita de estressores e dor emocional tornou-se tão abrangente que eles acreditaram que a tempestade perfeita seria seu estado mental para sempre. O foco e o propósito deles se estreitou *apenas* a uma coisa: acabar com a dor. Eles não estavam pensando na esposa ou no marido, nos filhos, na família, no trabalho nem no impacto que seu suicídio teria sobre todos os que ficaram. *Acabar com a dor.* Nesses momentos finais, isso era tudo que havia. Isso era tudo que existia.

É doloroso pensar que Rob, ou John, o marido de Kim, ou qualquer outra pessoa neste planeta sentisse tanta dor, mas a possibilidade assustadora de que eles não se importassem mais também é dolorosa. E ainda mais uma razão para pôr um fim ao estigma da doença mental, de uma vez por todas, e ser proativo a respeito da saúde mental para manter as pessoas a salvo de sentir tanta dor, para começo de conversa.

Kim articulou tão bem o conceito de que toda essa dor poderia, na verdade levar ao crescimento pós-traumático. Entre os muitos outros *insights* que recebi dela, me ajudaram a entender por que meus filhos e eu, em vez de deixar que o suicídio de Rob nos tornasse amargos e retraídos, estávamos começando a ficar muito mais sensíveis à vida e às pessoas em nossas vidas, e mais atentos ao impacto de nossas ações e de nossas palavras e nosso comportamento.

Ainda olho para trás e me maravilho com a diferença que os incríveis sobreviventes a suicidas com quem falei fizeram na minha vida e na minha cura, e que perda pessoal teria sido para mim se eu não os tivesse procurado, especialmente com alguns marcos muito difíceis se aproximando.

CAPÍTULO SETE

HANUKKAH, NATAL E ANO NOVO VIERAM E PASSARAM sem problemas. Alex, Chloe e eu ficamos juntos durante as festas, rodeados pela família e houve até alguns momentos passageiros em que não pareceu estranho que Rob não estivesse conosco. Mas o dia 17 de janeiro de 2018 seria uma outra história, afinal de contas era o aniversário dele.

Com a aproximação do aniversário de Rob, decidimos que em vez de ficarmos de luto e tristes, nós o celebraríamos e daríamos uma festa, só para nós três, em nosso restaurante italiano favorito. Esperamos no bar pela nossa mesa, trocando mensagens com amigos de Rob que desejavam que soubéssemos que estavam pensando em nós; e pedi uma taça de Prosecco para nosso brinde ao homem sem o qual Alex e Chloe nem existiriam. Tinha apenas tomado um gole quando Chloe me lembrou: "Mamãe, você está fazendo um mês seco!"

Anos antes, Rob tinha declarado que o mês de setembro, todos os anos, seria um mês seco, sem álcool, como um exercício de força de vontade. Isso me inspirou a começar 2018 com "janeiro seco", anunciando isso em *Good Morning America* e convidando o público a fazer o "desafio do janeiro seco" comigo. Com exceção das duas vezes em que estive grávida, quando me abstive completamente de álcool, sempre fui, no máximo, uma pessoa moderada. Meu lema é "dois e basta". Mas estava curiosa para ver se podia seguir o mesmo conselho que dou a minhas pacientes todos os dias, para reduzir o risco de câncer de mama ou deixando completamente de beber álcool ou pelo menos diminuindo a quantidade de álcool que consomem. "Médico, cure a si mesmo", então foi o "janeiro seco" até o dia 17 de janeiro, e devo dizer que aquele gole distraído de Prosecco para brindar o aniversário de Rob foi meu único deslize.

A celebração de Rob também foi um lembrete de que nenhum de nós deve supor que sempre haverá uma "próxima vez". O aniversário dele no ano anterior aconteceu seis dias antes de nosso divórcio ser concluído. Por mais amigável que fosse, em geral, tivemos uma discussão sobre algo que nem me lembro. Estava brava com ele e para deixar isso bem claro, eu deliberadamente não liguei nem mandei uma mensagem desejando feliz aniversário. Me senti justificada, mas também me senti mal com isso. Olhando para trás depois de jantar com Alex e Chloe naquela noite, me arrependi profundamente, pois não há mais como pedir desculpas a Rob. Essa é uma lição que aprendi do jeito mais difícil e que espero não esquecer: nada de deixar coisas inacabadas. É dolorido viver com isso depois.

O aniversário de Rob foi na quarta-feira. No sábado, recebi um telefonema de seu amigo Art, da Flórida, que tinha sido muito gentil e adotado nossos labradores, Nigel e Remy, depois do suicídio de Rob. Remy, a labradora amarela, tinha desenvolvido câncer durante esse ano, e Art e sua esposa, Elizabeth, tinham feito um trabalho incrível dando-lhe todos os medicamentos e tratamentos de que ela necessitava. Mas Remy estava perdendo a batalha, sofrendo e sentindo dor; e embora Art sentisse intensamente que era a hora de sacrificá-la, não tomaria essa decisão sem falar comigo e com meus filhos.

Por mais doloroso que fosse, e sempre é, concordei completamente, e sabia que Alex e Chloe também concordariam. Apegar-se a um animal que sente dor e que não tem nenhuma esperança de recuperação, especialmente um animal idoso como Remy, com 14 anos, é egoísta e cruel. Foi muito emotivo para mim e para Art, e agradeci a ele e a Elizabeth do fundo do coração por cuidar tão bem dos cães desde o dia em que chegaram à Flórida.

Só depois de desligar é que me dei conta, e ainda acredito nisso até hoje, pois não acredito em coincidências: Remy aguentou até o aniversário de Rob. Depois, só queria ir para Casa e estar com ele, seu amado macho alfa, companheiro de brincadeiras e melhor amigo. Eu adoro imaginar essa reunião.

DE MUITAS MANEIRAS, O ANIVERSÁRIO DE ROB FOI UM PRECURSOR EMOCIONAL do marco que eu mais temia: 11 de fevereiro de 2018, o aniversário de um ano do dia em que Rob tirou sua vida. Parecia impossível que um ano inteiro já tivesse passado. Podia lembrar cada detalhe, até cada visão e cada cheiro, de cada segundo de cada minuto daquele dia quando me permitia fazer isso; e fiquei grata por ter um dia ocupado à minha frente para impedir que minha mente ficasse obsessivamente focada nisso. Estava voando de volta de uma viagem de trabalho e chegaria cedo naquela manhã. Minha mãe ia me buscar no aeroporto, e nós íamos para Connecticut para um dos jogos de hóquei de Chloe. Depois, traria Chloe e eu de volta ao nosso apartamento, onde Alex se juntaria a nós para uma noite calma em família, sem sentimentalismo, só ficarmos juntos e termos certeza de que nenhum de nós três estaria sozinho nessa noite.

É claro que o jogo de hóquei foi em um dos incontáveis rinques na costa leste em que Rob tinha estado milhares de vezes, mas tirei esse gatilho potencial da minha mente. Esse dia já seria difícil o bastante sem arrastar bagagem extra, e minha mãe e eu estávamos lá para nos concentrar em Chloe, não em Rob. Chloe jogou bem, e honestamente não sei bem se o time dela ganhou ou perdeu. Depois, fomos para o carro e voltamos a Manhattan.

Havia dois problemas. Um é que estava chovendo muito forte. O outro é que o assento traseiro do carro de minha mãe tinha duas cadeirinhas de bebê, para os netos, os filhos de Evan e Tanya. Na vinda para Connecticut, não houve problema, pois estávamos só eu e minha mãe no carro. Mas agora éramos eu, minha mãe e Chloe, e nenhuma de nós cabia em uma cadeirinha de bebê. Como todos que têm uma cadeirinha de bebê sabem, os fabricantes parecem supor que todos nós temos doutorado em engenharia, que é exatamente o que é preciso para instalar ou retirar essas coisas. Nós três nos revezamos tentando deslocar uma das cadeirinhas, com o traseiro fora da porta do carro e nos ensopando com a chuva. Em alguns dias nós acharíamos isso engraçadíssimo. Mas não foi um dia assim.

Finalmente, por pura frustração e completa falta de sucesso, minha mãe lançou as mãos para cima e anunciou que Chloe e eu podíamos ficar com os bancos da frente, e eu dirigiria; e ela só se espremeria no banco de trás entre as cadeirinhas durante a viagem de duas horas de volta a Manhattan. Podíamos ter aceitado essa ideia, se não fosse pelo problema óbvio de que isso deixaria minha mãe sem cinto de segurança, e estava fora de questão. Ela estava tão cansada de tudo que nem se importava. Nós nos importávamos. Ela disse que ficaria bem. Tínhamos certeza de que era isso que o pai de Tanya, a nora dela, pensou, dissemos, exatamente três anos antes, quando ele morreu em um acidente de carro por não usar um cinto de segurança.

A situação toda chegou a uma discussão ridícula e completamente incomum, em que nós três berrávamos a plenos pulmões. Minha mãe, desafiadora, se enfiou entre as cadeirinhas. Chloe e eu ficamos nos bancos da frente e, enquanto eu saía do estacionamento, minha mãe terminou o que estava dizendo com: "Isso me dá vontade de me matar!" Chloe começou a chorar imediatamente. Eu gritei: "Como você pode dizer algo assim, ainda por cima hoje?" Minha mãe é uma enfermeira pediátrica aposentada. É uma mulher gentil, carinhosa e empática, e ela e Chloe são muito próximas. E também ficou tão chocada quanto nós com o que tinha acabado de dizer.

Nós rodamos pelo menos uma hora, em silêncio total, antes de descongelarmos lentamente e começarmos a falar umas com as outras. Minha mãe se sentia horrível. Nós todas nos sentíamos horríveis. E mesmo que não pudesse ser mais óbvio, precisávamos de algum tempo para entender que nada do que acontecera tinha nada a ver com cadeirinhas de bebê ou cintos de segurança ou com estarmos bravas umas com as outras. Todas nós tínhamos reagido ao estresse e à emoção de um aniversário que ainda estávamos tentando processar. Mas nós passamos por isso e, no final, ficamos felizes por deixar esse dia para trás.

Provavelmente, sempre vou ficar pensando se existe algo um pouco sombrio ou azarado ou energeticamente bizarro em 11 de fevereiro. Esse nunca será um dia comum para nós.

Nunca será só um outro dia para minha cunhada. E nunca será mais um dia para uma mulher com quem tenho mais em comum do que ela ou eu imaginaríamos quando nos conhecemos.

"Jessie West" é uma celebridade. E vai começar a escrever suas memórias em breve, então, em vez de correr o risco de estragar a história de alguma forma, vou usar um pseudônimo para ela. E serei a primeira na fila para comprar esse livro.

Não é só a idade e o número de filhos que temos em comum – temos só sete meses de diferença, e nós duas tivemos filhos com vinte e poucos anos. Ela também perdeu o ex-marido (vou chamá-lo de "Mark") para o suicídio, um ex-marido em que ela não pensava como um "ex", um ex-marido que ainda a amava, e que ainda era parte de sua vida. Quantas pessoas entendem que perder um ex para o suicídio pode ser tão arrasador quanto perder um marido ou uma esposa? E quantas pessoas, provavelmente, vou conhecer que têm um processo de luto exatamente com o mesmo cronograma que o meu, porque o ex-marido dela tirou sua vida em 11 de fevereiro de 2017, exatamente no mesmo dia em que Rob se matou?

Jessie conheceu Mark seis anos depois do fim do primeiro casamento dela, e saíram pela primeira vez no seu aniversário de 42 anos. Se apaixonaram profundamente desde o início. Ele era divertido, carismático e terno, um homem calmo e muito espiritual com um coração que só queria ajudar as pessoas.

Mark tinha recebido o diagnóstico de transtorno bipolar muitos anos antes, um fato que revelou a Jessie desde o princípio. Como ele mesmo admitia, lutava com problemas de autoestima e com muitos demônios por causa disso. Também tivera episódios psicóticos no passado. Ela não desanimou nem um pouco. Ela o "entendia", e o amava, e a sua alma estava comprometida com ele desde a primeira noite deles. Não só sabia o que desejava em sua vida, mas também que ele era essencial para ela, se sentiu a mulher mais feliz do planeta quando se casaram em 2012.

Nos primeiros anos, o casamento foi idílico. Eles nunca discutiam nem elevavam a voz um para o outro, e ele era um ótimo padrasto. Expandiu a espiritualidade já profunda dela e o relacionamento deste mundo com o mundo espiritual, apresentando conceitos que eram novos e a entusiasmavam, como o poder do número 11.

Espiritualmente, o número 11 representa chamas gêmeas, uma união sagrada entre almas gêmeas eternas que tiveram a sorte de se encontrar neste mundo. Onze se tornou o número "deles", um sinal poderoso entre os dois, de que deviam permanecer juntos, sempre, independentemente do que acontecesse. Mark até tatuou o número 11 no pescoço. Jessie nunca tinha vivido uma depressão na vida, nem sido exposta a uma, então não sabia como interpretar as enxaquecas crônicas de Mark e os períodos em que ele tinha de se obrigar a sair da cama e ficava empolgado com qualquer coisa. Entretanto, em setembro de 2014, ela viu uma mudança nele. Ele parecia mais feliz e mais motivado do que tinha estado há algum tempo; e ela se animou, até que esse entusiasmo repentino chegou a um episódio maníaco horrível que incluiu abandonar o carro no acostamento da estrada porque não precisava mais dele: ele podia viajar no tempo e podia voar.

Nem é preciso dizer que foi um pesadelo. Mark foi diagnosticado com um transtorno mental que poderia torná-lo um perigo para si mesmo ou para os outros e ficou involuntariamente detido por uma hospitalização psiquiátrica por 72 horas. Jessie sentiu que não tinha escolha, a não ser seguir o conselho de seu terapeuta e pedir o divórcio um mês depois. Ele saiu do hospital e foi para uma instituição de tratamento. Contudo, não queria ficar lá, nem queria ser medicado e só estava fingindo concordar para agradar a Jessie, então isso não funcionou. Em meio a tudo isso, Jessie e Mark nunca deixaram de se amar e, em 2015, mesmo que o divórcio tivesse sido concluído, ele voltou a morar com ela. Ninguém próximo a Jessie queria que isso acontecesse. E não podia negar que estava em modo luta ou fuga constante, dormindo com um olho aberto desde aquele assustador episódio maníaco. Mas ele estava frágil e precisava dela. Ela conhecia o lindo coração e o âmago de sua Alma Gêmea, que estava presa dentro de sua doença mental e queria libertá-lo e salvá-lo.

Jessie fez tudo que poderia fazer por ele desde o momento em que ele voltou para casa, buscando os remédios fitoterápicos certos nos quais ele acreditava, assegurando-se de que ele comesse na esperança de que recuperasse os 13 quilos que tinha perdido desde que a fase maníaca começara, o acompanhando às sessões de terapia e mantendo a casa e a vida o mais estável, tranquila e livre de estresse que podia. Os filhos dela, que também amavam Mark, foram incrivelmente corajosos e deram muito apoio; e Jessie garantiu que pudessem ser adolescentes e deixassem as responsabilidades adultas da cura de Mark a cargo dela. Isso foi exaustivo, e ela nem podia relaxar, mas em nenhum momento ficou em dúvida se devia deixá-lo morar ali.

Infelizmente, no final, nem todos os seus esforços puderam evitar o inevitável. Em outubro de 2016, Mark teve um segundo episódio maníaco muito dramático e assustador que resultou em um chamado à polícia para detê-lo. Foi imediatamente hospitalizado em uma ala psiquiátrica de novo. A mãe e a irmã de Mark tentaram conseguir ajuda, enquanto Jessie se afastava um pouco e aceitava o fato de que ela e Mark sempre estariam juntos espiritualmente, mas ele estava sofrendo e fora de controle, e não era saudável para ela e seus filhos ficarem fisicamente com ele.

Em 29 de janeiro de 2017, Jessie recebeu uma mensagem dele que dizia: "Não posso viver sem você". Ela respondeu: "Sim, você pode. E não está sem mim, mas nunca mais vou ser cuidadora de alguém de novo". A resposta dele foi simplesmente: "Ouvi e entendi".

Ela descobriu que naquele mesmo dia, depois daquela conversa, ele entrou na internet e comprou uma arma.

Em 9 de fevereiro, Jessie estava saindo para um compromisso em Londres. No dia anterior, tinha recebido outra mensagem dele que terminava: "Eu valorizo cada momento. Boa noite, eu te amo, anjo".

Em 11 de fevereiro de 2017, logo depois de Jessie sair de seu compromisso, recebeu um telefonema da irmã de Mark. Ele tinha desaparecido depois de mandar um bilhete de suicídio por e-mail para a irmã. Todo mundo achava que ele estava desaparecido. Jessie soube imediatamente que não estava desaparecido. Ele estava morto.

Fora encontrado dois dias depois, no carro. Mark se matou com a arma comprada na internet enquanto Jessie estava a milhares de quilômetros dali, e não havia nenhuma chance de o encontrar.

É claro que a dor emocional foi excruciante durante muitos meses – como ela me disse quando conversamos, estava sofrendo tão profundamente porque o amava muitíssimo e "você não pode ter o êxtase sem a agonia". Pela primeira vez na vida teve uma depressão, sem querer sair da cama, sem querer tomar banho e se arrumar, sem querer ver ou falar com ninguém, escondida em seu luto atordoado e afligida pelos inevitáveis "e se" de um sobrevivente a um suicida.

Ela sabia como ele estava perturbado e que o suicídio não era culpa dela. Também sabia que se tivesse permitido que ele voltasse, poderia tê-lo mantido vivo..., mas só até a próxima vez...

Entendia que ele não estava preparado para viver pelo tempo que ela desejava e sentiu a plena força do trauma de perder a única coisa, além de seus filhos, que ela desejara por toda a vida, a alma gêmea, a Chama Gêmea, seu guia em um rico e belo mundo de espiritualidade que era mais profundo do que qualquer outro sistema de crença que conhecia.

E foi esse mundo que foi o mais curativo para ela depois do suicídio de Mark. Era quase como se tivesse garantido que ela teria a conexão eterna deles para confortá-la quando ele deixasse a Terra e lhe enviasse alguém que poderia tranquilizá-la quanto a essa conexão. Depois de tentar quase todos os recursos tradicionais para trabalhar o luto e receber pouco ou nenhum alívio, Jessie decidiu procurar uma médium com reputação elevada.

Se já esteve com um médium que pode se comunicar entre o mundo espiritual e nosso mundo, você sabe que muitos deles falam coisas tão gerais que aquilo que estão "comunicando" pode se aplicar a quase todo mundo. Jessie foi totalmente preparada para essa possibilidade e saiu absolutamente certa de que essa mulher tinha se conectado com Mark e que ele estava falando por meio dela. A médium foi tão impossivelmente específica que semanas de pesquisa não poderiam ter revelado as informações que Mark passou para Jessie por ela. Qualquer dúvida que Jessie pudesse ter de que Mark ainda estava com ela, curado, em paz, e esperando por ela do Outro Lado, desapareceu naquela hora transformadora. Estava claro, graças às mensagens dele para ela, que embora a doença o tenha impedido de ter poder aqui no mundo físico, recuperara seu poder agora que o espírito estava livre do corpo.

Ela começou a notar as Chamas Gêmeas número 11 ao seu redor.

É claro, ele tirou a própria vida em 11 de fevereiro. Ela fez um serviço memorial para ele na praia onde se conheceram e, quando ofereceu as cinzas de Mark ao oceano, 11 pássaros voaram.

Falou sobre a doença mental e o suicídio de Mark em um evento beneficente na Flórida um pouco mais de um ano depois de ele se suicidar. Reparou na hora quando foi para o microfone. Era 13h11. Falou durante

20 minutos, sem um único olhar nas suas anotações – literalmente, sentiu como se fosse só o transmissor e Mark estivesse falando por meio dela.

Produziu um filme de legado sobre um assunto pelo qual ele era apaixonado. A estreia mundial foi em 11 de' março, às 11 horas.

Até minha primeira conversa por telefone com ela começou às 18 horas e 11 minutos.

Nós duas concordamos que não estamos interessadas em tentar convencer ninguém desses sinais de que Rob e Mark ainda estão perto de nós. Nós sabemos e isso nos basta. No caso de Rob, não foi apenas encontrá-lo sentado na borda da minha cama na terceira noite depois de sua morte. Houve um outro incidente que nunca vou esquecer e que me surpreendeu. A conexão entre Rob e Chloe era simbolizada por um coração; isso era algo entre os dois, muito meigo e não tinha nada a ver comigo. Na verdade, nem sabia disso até um pouco depois, e nossa amiga Laura também não sabia.

Laura conhecia Rob desde a faculdade e era casada com um de seus melhores amigos, um dos três "pais" de Alex e Chloe. Então, um dia, abriu o armário da cozinha e encontrou uma caneca de café com corações na prateleira diante dela. Ela não tinha comprado a caneca. Na verdade, nunca a tinha visto antes.

Uma hora depois estava no meu apartamento, parecendo totalmente surpresa e me deu a caneca.

— O que é isso? – perguntei.

— É para a Chloe – disse ela. — Rob a enviou.

Ela não tinha ideia de como ou porquê sabia disso ou de como sabia que devia trazê-la para mim. Ficou ainda mais surpresa quando lhe contei sobre o significado especial que os símbolos de coração tinham para Chloe e para o seu pai.

Eu dei a caneca a Chloe e lhe contei a história. Ela teve várias experiências espirituais "inexplicáveis" na vida, e não havia nenhuma dúvida na sua mente que o pai tinha enviado a caneca para ela por uma de suas melhores amigas.

Eu também não tive dúvidas.

Esses lembretes dos nossos entes queridos falecidos de que eles estão sempre à nossa volta são incrivelmente tranquilizantes; mas não podem substitui-los, tê-los fisicamente entre nós, e nem dar um fim mágico a nosso luto. E o mesmo aconteceu com Jessie. Mais de um ano depois de Mark ter se matado, ela teve uma crise de ciática, uma condição dolorosa que afeta o nervo ciático que se estende da parte inferior das costas e desce pela parte posterior de cada perna. Ela ficou seis semanas sem poder se movimentar e estava convencida de que o pesar que havia tentado reprimir havia se armazenado no seu sistema nervoso.

Em vez de procurar ajuda na medicina tradicional, seguiu o que sabia ser a preferência de Mark e começou a se tratar com o polêmico protocolo do falecido Dr. John Sarno, que acreditava que a dor física, muitas vezes, é o modo de o cérebro oferecer proteção diante de profundas questões emocionais. A estratégia dele para lidar com essa dor inclui escrever um diário com artigos sobre tudo, desde raiva, trauma, tristeza e culpa a pressão autoimposta de alguns traços de personalidade e a qualquer coisa que esteja causando estresse na sua vida.

O protocolo Sarno funcionou para ela. A dor nas costas desapareceu em cerca de seis semanas, e reparou que muito de seu pesar e peso também desapareceram.

Não posso pensar em um testemunho mais bonito a seus anos com Mark do que o que Jessie me disse no final de nossa conversa sobre ele: "Se eu soubesse que ia terminar exatamente do mesmo modo, ainda assinaria de novo amanhã por causa de tudo que conheci com ele".

Eles escreveram seus próprios votos para o casamento. O dele dizia simplesmente: "Prometo continuar amando você". Essa promessa agora está tatuada no braço dela, com a letra dele; e ela não duvida disso nem um minuto. Sabe que ele está em paz, está curado, está com ela, está esperando por ela e nunca deixará de amá-la. Agora que a angústia de o ter perdido diminuiu e ela pode pensar e sentir claramente de novo, ainda sente o que sentiu no dia em que se casaram: que ela era a mulher mais sortuda no mundo por ter amado e ter sido amada por ele.

O que ressoou especialmente comigo, enquanto ouvia a história de Jessie foi como, divorciada ou não, ela valoriza o presente de ter conhecido Mark. Me senti exatamente assim a respeito de ter conhecido Rob, porque ele me deu meus filhos, e foi um pai incrível para eles durante 18 anos. Não existe um presente mais precioso que ele pudesse ter me dado e a eles, e esse é um presente que não poderia ter vindo de mais ninguém a não ser dele. As lembranças positivas de Jessie a respeito de Mark a confortam muito, do mesmo modo que o conforto que sinto ao ver Alex e Chloe e pensar como Rob estaria orgulhoso e, insisto em acreditar, ainda nas pessoas que eles são e de como estão se desenvolvendo. Foi por causa deles que percebi que podia olhar para a história de Rob e a minha e ecoar exatamente os sentimentos de Jessie: Se eu soubesse que ia terminar exatamente do mesmo modo, ainda assinaria de novo amanhã, por causa de tudo que conheci com ele.

CAPÍTULO OITO

O ÚLTIMO JOGO DE HÓQUEI EM CASA DA TEMPORADA TODOS os anos em Lawrenceville é o Dia das Alunas do Último Ano. É um dia muito importante e muito emotivo. Para algumas das jogadoras que estão se formando é o final de sua carreira de hóquei no ensino médio. Para outras é o final de sua carreira de hóquei competitivo. Antes do jogo cada jogadora é chamada no rinque, uma a uma, para posar para fotos com os pais, que lhes dão um buquê de flores; e há um grande banquete em sua honra depois do jogo.

Chloe estava no penúltimo ano em 2018. As mães das jogadoras do penúltimo ano recebem, cada uma, alguma tarefa para esse dia especial. Minha tarefa era fazer fotos emolduradas das jogadoras do último ano, e fiquei feliz por fazer isso. Cheguei ao rinque, deixei a tarefa que tinha feito e, depois, fui para a fileira superior das arquibancadas para assistir à cerimônia antes do jogo. Cada aluna do último ano foi para o holofote no gelo. Uma mãe e um pai, cheios de orgulho, assumiram seu lugar ao lado de sua filha, lhe deram flores e a fizeram sentir-se como uma rainha, enquanto os flashes estouravam ao seu redor. Era bonito, e comecei a chorar.

Pobre Chloe. Como ela passaria por isso no próximo ano sem Rob? Ele era o pai de hóquei mais orgulhoso do mundo. Ainda podia ver a alegria no rosto dele quando colocamos patins de gelo nos pés dela aos 3 anos e quando ela começou a jogar hóquei aos 5 anos. Durante os primeiros cinco ou seis anos, até que ela fosse crescida o bastante para fazer isso sozinha, ele amarrava os cadarços dos patins para ela, porque precisavam estar bem apertados; nunca consegui pegar o jeito para fazer isso direito. Ele, de todas as pessoas, devia estar ali com flores para tirar uma foto com ela no Dia das Alunas do Último Ano. Onde ela devia encontrar a força para sorrir para todas aquelas câmeras, sabendo que o pai não estava ali ao seu lado e sabendo o motivo?

E onde eu encontraria forças para vê-la em um dos dias mais especiais de sua carreira no hóquei, sua mãe solo quando deveríamos ser dois pais? Alex ficaria orgulhoso e feliz de dar flores a sua irmã e em posar para fotos conosco. Meus pais viriam, e Evan, e os melhores amigos de Rob, do mesmo modo como estariam presentes para os eventos dos filhos uns dos outros, como a formatura e a aceitação em uma faculdade. Todos eles a amavam e ficariam muito felizes por ela. E não haveria como disfarçar o fato de que também seriam substitutos. Não seriam Rob. Não seriam o pai que deveria estar ali. Eles não seriam o pai que escolheu não estar ali, que escolheu perder todos os acontecimentos importantes do resto da vida de seus filhos, e deixar o resto de nós com a tarefa impossível de tentar compensar isso.

Fiquei extremamente triste. Mas mais que isso, fiquei com raiva e sem lugar para colocar esse sentimento. Houve dias em que, por mais que tentasse, não conseguia deixar de lado minha raiva de Rob, em nome de Alex e Chloe, e substituí-la com algo mais amoroso, mais positivo e mais grato. Esse foi um desses dias.

Embora saiba que isso não é verdade para todos em nossa situação, a raiva nunca foi a emoção predominante para mim ou meus filhos depois do suicídio de Rob. Acho que, em nosso caso, foi uma questão de não querer começar esse caminho porque poderíamos não conseguir parar se fôssemos por ali, e nos transformar em pessoas amargas e com raiva do mundo não era um futuro que atraísse nenhum de nós. Eu certamente, não ia deixar que a única mãe que meus filhos tinham fosse uma mãe raivosa, com toda certeza. Na verdade, a realidade de eu ser "a única mãe que sobrara para meus filhos" era meu maior gatilho quando se tratava de raiva, essa percepção de que quando estivesse cansada, ou com trabalho demais, ou doente, e Alex ou Chloe precisassem de algo, não poderia mais dizer: "Sinto muito, não posso. Fale com seu pai". Isso me deixava muito brava, por mim e por meus filhos.

Em geral, porém, a raiva não era meu sentimento padrão para Rob nesse ponto, e eu só não sabia o motivo. Pelo menos, ainda não.

Nunca vou olhar para minhas questões conflitantes de raiva sobre a morte de Rob sem pensar em uma conversa que tive com Melissa Rivers. Ela era só um ano mais velha do que Chloe quando seu pai, Edgar Rosenberg, se matou. Mesmo anos depois do suicídio dele, ela me disse que ia a casamentos de amigos e tinha de sair quando era anunciada a dança do pai com a filha, porque era um lembrete doloroso demais de que não tinha mais um pai com quem dançar. Detestei saber que Alex e Chloe teriam inúmeras situações como essa em sua vida; mas como Melissa destacou, embora a dor nunca suma completamente, "você aprende a passar pelos momentos difíceis" e continua a se lembrar que o tempo realmente cura.

Sempre fui uma grande fã da mãe de Melissa, Joan Rivers. Eu a achava engraçada, é claro, mas também admirava como era forte e destemida, conquistando o clube masculino da comédia stand-up e o horário noturno da TV em uma época em que tudo no setor parecia estar contra ela.

Encontrei Joan Rivers um dia na CBS, onde um dos programas de entrevistas a tinha surpreendido com um bolo de aniversário. Ela tinha 70 e poucos anos, vestida impecavelmente, com o cabelo, a maquiagem e a postura perfeitos e, quando passamos uma pela outra, admito que não pude evitar me aproximar dela e me apresentar.

— Eu só quero lhe dizer que é uma honra conhecê-la — disse eu. — Você é uma verdadeira lenda.

Ela rolou os olhos de um modo um pouco autodepreciativo e respondeu:

— Estou tão velha e tinha tantas velas naquele bolo que me surpreendi por não ter queimado todo o estúdio. Eu sou mesmo um verdadeiro perigo de incêndio.

Eu achava Joan e Melissa muito divertidas em *Fashion Police*. Não foi surpresa descobrir que eram engraçadas, inteligentes e totalmente sinceras. O que fascinava era a óbvia e incrível capacidade de se recuperar de um suicídio na família e, na verdade, se destacarem no que fizeram em sua vida. Eu não podia imaginar como conseguiram isso.

Aí isso aconteceu comigo, e tive de descobrir do jeito mais difícil.

O marido de Joan Rivers, o pai de Melissa, Edgar Rosenberg, estava na Filadélfia concluindo alguns dias de reuniões de negócios. Ele ligou para Joan e lhe disse que voltaria a Los Angeles no dia seguinte. Em vez disso, na manhã seguinte, 14 de agosto de 1987, ele tomou uma overdose fatal de Valium e se matou aos 62 anos. Foi encontrado por seu sócio, Tom Pileggi, no chão do quarto de sua suíte no hotel. Antes de tirar a própria vida, gravou três fitas cassete – uma para o sócio, uma para Joan e outra para Melissa, para eliminar qualquer suspeita de desonestidade e se despedir. Explicou que sua depressão e sua saúde debilitada depois de um forte ataque cardíaco três anos antes faziam com que ele se sentisse como um fardo para as pessoas a quem amava, e que não podia continuar.

Naturalmente, esse foi um golpe muito intenso para a mente, o coração e a alma de Melissa. Ela se lembra de quando o choque e o entorpecimento começaram a passar, ela endeusou o pai e culpou a mãe, pois, como ela disse, afinal de contas "quando você está no meio da raiva livre e flutuante, você tem de culpar alguém". O casamento dos pais era muito ruim na época do suicídio do pai; então foi fácil culpar a mãe, enquanto a mãe culpava o marido e realmente nunca o perdoou. Na verdade, depois de Edgar tirar a própria vida, Melissa parou de falar com Joan. Foi preciso terapia e cerca de dois anos para que elas se reconciliassem.

Ela disse que só conseguiu passar por aqueles primeiros meses horríveis por causa de duas pessoas. Uma foi uma incrível conselheira de luto, que a acompanhou e explicou o que esperar mental e emocionalmente depois do suicídio de um ente querido. "Você precisa, precisa, *precisa* consultar um profissional de saúde mental e luto", ela me disse. "Acredite em mim, suas amigas não sabem como lidar com isso." Isso me fez sorrir. É tão simples e tão óbvio, mas nunca ouvi isso dito de uma forma melhor.

A outra pessoa que fez uma grande diferença na vida de Melissa, enquanto ela ainda estava abalada com aquele trauma indescritível, foi a atriz Mariette Hartley, cujo trabalho Melissa conhecia de vários filmes e séries de TV. Melissa nunca tinha encontrado Mariette Hartley. Até onde sabia, os pais também não. Mas do nada, Mariette a procurou, não como uma profissional no assunto de sobrevivência a um suicida, mas como alguém que havia passado por isso.

Mariette Hartley tinha 22 anos quando perdeu o pai para o suicídio. Ele era um artista, um bem-sucedido executivo de uma agência publicitária, um alcoólico e maníaco-depressivo e, em um dia horrível em 1962, ele atirou na própria cabeça no apartamento da família em Bretwood, Califórnia, enquanto Mariette e a mãe estavam na sala ao lado.

Melissa ficou muito impressionada por essa total estranha ser generosa e compassiva o bastante para pegar o telefone e ligar para ela quando a notícia do suicídio de Edgar Rosenberg chegou aos jornais. Trinta anos depois, ela ainda diz a Mariette: "Você salvou a minha vida". Ter uma amiga com quem falar, que conheceu e passou pela vergonha, a culpa, a sensação de estar exposta como um polegar dolorido, e todas as outras emoções monstruosas fez uma enorme diferença na cura dela.

Mariette contou a ela que todas as emoções loucas que estava sentindo eram perfeitamente normais e, por mais difícil que fosse acreditar, temporárias. Podia demorar anos, mas cedo ou tarde, elas se dissipariam. Ela não ia sentir-se desse jeito pelo resto de sua vida.

"Raiva? Com toda a certeza. Um fluxo incessante de "e se" e de "se pelo menos"? Pode esperar, mas não deixe que eles dominem sua mente, porque não levam a lugar algum exceto dar voltas e mais voltas em um círculo inútil, e você vai acabar enlouquecendo. Sentir-se isolada porque a sociedade tem um estigma equivocado contra o suicídio? É claro que sim. Por algum tempo. Lembre-se de que o estigma vem do medo e da ignorância do motivo de os suicídios acontecerem. Você não fez nada de errado e não tem do que se desculpar."

Desde o início, Melissa tinha percebido o estigma, mas não estava se rendendo a ele. As pessoas se aproximavam, sem saber o que dizer ou fazer, e diziam em tom triste: "Sinto muito por seu pai ter morrido". A resposta dela era: "Não, ele não morreu, ele se matou!" Tudo que ela podia fazer era não acrescentar: "Foi isso que aconteceu! Não finja que foi outra coisa! Por que você está me fazendo sentir que eu deveria ficar envergonhada?"

Joan, enquanto isso, se orgulhava por ser forte; e, em público, nunca permitiu que o suicídio tão público do marido a fizesse parecer fraca ou mais vulnerável. "Se você estiver passando por momentos difíceis", dizia ela, "vá para casa e chafurde na dor por um fim de semana, depois levante e comece a seguir em frente com sua vida". Mas em particular, na realidade, o suicídio dele a abalou de todas as maneiras, e por causa da raiva e da culpa entre ela e Melissa, não puderam se apoiar mutuamente. Melissa deixou que a mãe a convencesse a voltar para a Universidade da Pensilvânia quando o semestre começou, mesmo que isso fosse a última coisa que ela queria fazer. "Sua vida não parou. Você precisa da rotina. Você precisa do que é normal", Joan lhe disse. Olhando para trás, Melissa concorda que a mãe estava certa e foi muito inteligente quanto a isso.

Vários amigos da família imediatamente se transformaram em figuras paternas para Melissa, o que ajudou muito; e quando ela voltou para o campus, cinco de seus amigos mais próximos ficaram ao seu redor, em atitude protetora, e como ela disse "a medicaram para passar pela escola e pelo pesar, chutando e gritando". (Décadas depois, eles ainda são como irmãos para ela, o que significa muito para uma mulher que é filha única.) Porém, na maior parte do tempo, ela estava dolorosamente consciente de que todos a seu redor, de colegas a professores, tinham lido as chamadas que diziam que o pai dela, o marido de Joan Rivers, tinha se matado semanas antes. Ela sentiu a mesma sensação de uma marca vermelha que tive depois do suicídio de Rob, aquele sentimento oco e doloroso de ser objeto de murmúrios e ser julgada e deixar as pessoas constrangidas só por entrar em uma sala.

Ela lembra que o primeiro ano depois do suicídio foi um pesadelo. O segundo ano foi mais difícil. Durante o primeiro ano, ela estava com a guarda levantada, preparada para cada feriado e aniversário, sabendo que seriam horríveis, e foram. A vida dela parecia desconhecida, como se ela estivesse vivendo em um mundo estranho e subterrâneo em que tudo parecia igual, mas não dava a mesma sensação, e nada fazia sentido.

Perto do final do primeiro ano, teve um ponto de virada em sua recuperação. Ela estava fazendo um curso de verão e tendo uma noite especialmente difícil, sentada em um banco com um amigo. Enquanto uma chuva fina começava a cair, o amigo perguntou: "Você respeitava todas as decisões do seu pai na vida? Porque você precisa respeitar a decisão dele na morte. Você pode não gostar dela, mas precisa respeitá-la".

Melissa parou um momento para pensar a respeito e, depois, respondeu: "Eu *não* gosto da decisão dele, como não gostei da decisão dele quando ele me pôs de castigo ou pegou as chaves do meu carro. Mas você tem razão, tinha de respeitar aquelas decisões, então acho que tenho de respeitar esta também".

Isso me surpreendeu. Chloe tinha dito exatamente a mesma coisa para mim, cerca de um ano depois do suicídio de Rob. "A decisão do papai foi tirar a própria vida, e temos de respeitar isso." Fiquei maravilhada com a maturidade dela em uma idade tão jovem e também fiquei maravilhada com a maturidade de Melissa.

Foi no segundo ano que a guarda de Melissa baixou; e ela acordou para descobrir que aquilo não era um pesadelo, a morte era inegável, cruel e dolorosamente real, o novo normal irrevogável. Foi também no segundo ano que ela começou a reparar em lampejos ocasionais de felicidade, e na culpa tremenda que vinha com eles. "Tudo bem, posso sentir meu rosto sorrindo", ela pensou, ou "Eu ouvi o meu riso, eu devia estar me divertindo, mas isso não pode ser certo quando me sinto totalmente vazia por dentro".

Pouco a pouco, porém, conforme a anestesia do pesar diminuía, os sentimentos reais começaram a voltar, em vez de apenas a aparência desses sentimentos. De tempos em tempos, ela percebia: "Tive um dia muito bom", e criava um objetivo de juntar alguns bons dias em seguida. Ela nunca teria escolhido esse novo normal, mas ninguém tinha lhe dado uma chance de escolher. Era como era, justo ou não, então, no mínimo, isso também podia ser suportável.

Outra grande parte da cura de Melissa foi se envolver com um centro de apoio ao luto chamado *Our House* – não só indo às reuniões, mas também se tornando palestrante e ativista. Passou a acreditar que, se você sobreviveu a um suicida, você tem quase uma obrigação de se esforçar e ajudar os outros que estão passando pela mesma coisa, exatamente como Mariette Hartley a tinha procurado para que soubesse que não estava sozinha, que não estava ficando louca e que realmente passaria por tudo isso.

Desde o primeiro momento em que passou pela porta do *Our House*, Melissa aprendeu como esse tipo muito diferente de tragédia realmente é cego. O suicídio não discrimina. Ele atinge famílias que acham que isso nunca poderia acontecer com elas, o que torna a vergonha e o estigma ainda mais absurdos. E independentemente de como o grupo de sobreviventes seja diversificado em termos étnicos, econômicos ou religiosos, esse fato irrefutável na vida dessas pessoas as reúne e as torna iguais.

Ela transmite essa mensagem bem no início quando dá uma palestra, com a saudação simples e direta: "Bem-vindos a este clube de merda em que ninguém quer estar. Vivemos em uma sociedade em que todo mundo quer ser especial. Bom, adivinhem só – este é um momento em sua vida em que é incrível ser normal, não ser especial, um momento em que você pode olhar ao redor e dizer: 'Todo mundo aqui já passou por isso'. Porque cada emoção que você está sentindo ou vai sentir, todos nós já sentimos ou vamos sentir. A última coisa que você quer ouvir agora é: 'Ele está em um lugar melhor', certo? Eu também! Você quer responder: 'Bom, ele pode estar em um lugar melhor, mas *eu não estou!*' Você também está pensando: 'E se eu tivesse dado mais um telefonema?' ou 'E se eu tivesse sido mais legal da última vez em que nos falamos?', 'Por que eu não fui suficiente?' Estou aqui para contar uma verdade, e é só um fato, acredite em mim – *você foi o suficiente!* O suicídio que você está lamentando *não foi sua culpa*. E tem um outro fato em você pode acreditar – você vai ficar bem."

Sim, é isso mesmo. Ela sabe disso. Ela viveu isso. E também aceitou que, inevitavelmente, a dor vai aparecer de tempos em tempos pelo resto de sua vida. Isso não tem a ver com esperar que a dor desapareça para sempre, tem a ver com saber que, quando ela surgir, isso é normal, ela entende de onde a dor vem e, depois do que já passou, ela sabe que será forte o bastante para lidar com isso.

Ela também sabe bem que sempre vai amar o pai de todo coração; e do mesmo jeito como era quando ele estava vivo, esse amor não é negado por aqueles momentos em que estava furiosa com ele. "Você escolheu não estar aqui para a minha formatura, nem me levar ao altar no meu casamento, nem conhecer o seu neto? Vá à merda!" Conforme o tempo passou e a cura aconteceu, o relacionamento dela com ele evoluiu, e ela aprendeu a se perdoar por esses momentos, porque ela aprendeu a perdoá-lo.

O relacionamento de Melissa com a mãe obviamente também evoluiu. Ela se sentiu muito vulnerável como adulta por ter apenas a mãe, e ela e Joan se reconciliaram e se tornaram ainda mais próximas do que eram antes do suicídio de Edgar. Durante quase 30 anos, foram apenas elas, duas sobreviventes que se amavam intensamente e que conheciam uma à outra e nunca tinham de explicar nada.

E, então, em 4 de setembro de 2014, Joan Rivers morreu aos 81 anos, depois de se submeter ao que devia ser uma endoscopia de rotina no *Yorkville Endoscopy*, em Manhattan. Melissa mais tarde ganhou um processo contra a clínica por realizar procedimentos médicos não autorizados na mãe. Eu me lembro de ler sobre o caso e, como médica, ficar chocada com o que parecia um caso claro de prática criminosa, incluindo uma selfie tirada por um dos médicos de Joan, com Joan sob anestesia visível na foto.

A mãe de Melissa foi repentina e erroneamente morta também, "morta em um piscar de olhos", como Melissa disse. Compreensivelmente, muito do trauma do suicídio do pai voltou imediatamente e ela ficou atordoada. Agora ela não tinha pais, nem irmãos, nem ninguém para compartilhar uma vida de lembranças e tinha de lutar com esse sentimento sombrio e oco de "Estou sozinha".

O que a fez seguir em frente foi o filho a quem ela adora e a quem anunciou depois da morte da mãe: "Agora é você, cara. Vou ser superprotetora, e você vai ter de lidar com isso". O filho e a avó eram muito próximos, e quando Joan morreu, ele disse chorando a Melissa: "Nada vai ser bom de novo". Ela se lembrou imediatamente de se sentir exatamente desse jeito depois do suicídio do pai, então o abraçou e disse: "Vai sim. Só vai ser diferente", uma promessa que sabia que podia manter depois de anos de cura.

Na verdade, ela está convencida de que aquilo pelo que passou com seu pai a tornou uma mãe melhor. O suicídio dele e o aconselhamento de luto e o trabalho dos sobreviventes ajudaram a criar uma mãe atenta, empática, com olhos abertos e uma consciência bem-informada e dolorosa do aumento do número de suicídio entre adolescentes. Embora o suicídio não seja comum na família, ela sabe que problemas de saúde mental e depressão são, e é atenta ao observar as contas do filho nas mídias sociais e seu estado de humor e, quando ele está para baixo, faz com que ele fale a respeito. E, frequentemente, lembra a ele que não importa o que aconteça ou como as coisas pareçam estar mal, o suicídio não é uma opção. "Nada neste mundo vale isso – nenhuma garota, nenhuma nota, nenhum jogo, nenhum insulto, *nada.*"

Ela também admite, com um riso, estar vigilante também ao que se refere ao namorado. Ele a chama de controladora. Ela diz que já passou do ponto de saturação de perder de repente as pessoas que ama. Ele fez uma viagem recentemente. Ela insistiu em atualizações constantes a cada passo do caminho. Finalmente, exasperado, lhe disse:

— Os aviões não caem simplesmente do céu, Melissa.

— Na minha vida, eles caem – respondeu ela.

Ele não teve argumentos.

Melissa continua a ser muito ativa em seu trabalho apaixonado com sobreviventes a um suicida, tanto particularmente quanto na *Our House.* De fato, em 2013, recebeu o *Prêmio Good Grief* pela abertura, sinceridade e respeito com que fala do suicídio do pai e dos assuntos de morte e luto. Quando estávamos terminando nossa conversa, ela disse: "Jen, se seus filhos precisarem conversar com alguém, pode dar meu telefone a eles ou, então, me dê os números de telefone deles, e eu ligo".

Isso literalmente trouxe lágrimas aos meus olhos. Muitas pessoas são ótimas em falar da boca para fora. Com esse convite, ela deixou claro, e de um modo muito pessoal, que pratica o que fala.

É claro que, sendo Melissa Rivers, se assegurou que eu estivesse sorrindo na hora em que desligamos. Ela escreveu *The Book of Joan: Tales of Mirth, Mischief and Manipulation* (sem tradução no Brasil) depois da morte da mãe e escreveu na dedicatória: "Para minha mãe, cuja falta sinto todos os dias, e para meu pai que, a partir de setembro passado, não está mais descansando em paz".

Tive alguns *insights* muito valiosos ao falar com Melissa, especialmente porque ela era da idade dos meus filhos quando o pai se matou. Estava com tanto medo por meus filhos, pensando que todos os marcos na vida deles estivessem arruinados; mas ali estava ela, tendo vivido isso, dizendo que com certeza algumas partes desses marcos não eram ótimas e que, na verdade, alguns deles foram "uma droga". Mas o relacionamento com o pai continuou a evoluir, mesmo que não estivesse mais presente, e conforme isso evoluiu, os marcos ficaram mais fáceis de lidar conforme ela descobria o que esperar e aprendia cada vez mais sobre as habilidades práticas de sobrevivência. A atitude prática dela diante da realidade – por exemplo, "Bem-vindos a este clube de merda em que ninguém quer estar" – me lembrou muito Alex e Chloe, e ajudou a normalizar para mim o que ambos estão vivendo.

Ouvir a história dela foi como espiar o futuro e ver meus filhos daqui a 30 anos, com casamentos e filhos – como Melissa foi e é resiliente, como Alex e Chloe são e serão resilientes, e como essa tragédia os tornará pais melhores, mais bem-informados e mais atentos, do mesmo modo que a tragédia na vida de Melissa a tornou. Especialmente como mãe, desliguei o telefone depois dessa conversa me sentindo mais tranquilizada e quase incentivada em relação à vida rica e plena que meus filhos podem vir a ter.

CAPÍTULO NOVE

Era o início da primavera de 2018, o começo do segundo ano depois do suicídio de Rob. Melissa Rivers tinha alertado que o segundo ano era mais difícil do que o primeiro. Meu Deus. Era difícil até imaginar que isso fosse possível.

Em relação ao trabalho, estava mais ocupada do que nunca na minha vida, tanto no consultório como na TV. Quando eu parava de vez em quando para respirar, eu me pegava pensando: "Estou mesmo mais ocupada ou será que me sinto ocupada por causa de tudo que enfrentei?" No fim das contas, minha resposta a essas perguntas eram sim e sim. Com certeza, estava mesmo mais ocupada, mas também me sentia assim por causa da morte de Rob e de estar mais determinada a fazer tudo. Era uma bênção estar ocupada.

Também percebi que quando estava com amigos próximos e falávamos sobre o suicídio de Rob, eu podia passar de estar totalmente bem para começar a chorar em meio segundo. Foi então que fiquei pensando se não estava escondendo muitas emoções por trás da superfície de estar ocupada. Será que estava realmente me curando ou só estava me enganando e, literalmente, não me dava tempo para pensar a respeito? Houve momentos em que me senti orgulhosa dos meus filhos e de mim, tendo um desempenho de alto nível no trabalho e na escola. Houve outros momentos em que fiquei pensando que talvez estivéssemos indo bem *demais*. Isso é um problema? E outro pensamento horrível ficava aparecendo: Eu nunca tinha sido uma mulher que duvidasse de si mesma. Agora parecia que estava quase preocupada com isso. Será que algum dia ia parar? Era só uma outra parte de um novo normal com que tinha de me acostumar? Ou, talvez, fosse outro aspecto do fato de o segundo ano ser mais difícil que o primeiro, como também tinha sido alertada por uma mulher incrível chamada Carla Fine.

Em 1999, o livro de Carla *No Time To Say Goodbye: Surviving The Suicide of a Loved One* (sem tradução no Brasil) foi publicado. Infelizmente, era autobiográfico. O ente querido no subtítulo era o Dr. Harry Reiss, seu marido por 21 anos e um urologista credenciado pelo Conselho Americano de Especialidades Médicas para a especialidade Urologia, na cidade de Nova York, onde ela havia nascido.

Ela e eu, obviamente, tínhamos muito em comum, e fiquei animada por conhecê-la. Isso pode parecer uma palavra estranha para descrever uma conversa entre duas mulheres que perderam os maridos médicos para o suicídio, mas além de ser articulada, inteligente, muito aberta e sincera, eu a achei uma pessoa adorável. Não é surpresa que ela seja uma escritora famosa, ativista e porta-voz para grupos de sobreviventes a um suicida e para organizações profissionais de todo o mundo.

Carla Fine e Harry Reiss se conheceram e se casaram na faculdade. Ela seguiu a carreira para um Mestrado em Ciências, com honras, na Escola de Pós-Graduação de Jornalismo da Universidade da Columbia, e também uma carreira bem-sucedida como escritora. Ele seguiu uma carreira de médico nos hospitais de St. Vincent, Cabrini, Bellevue e da Universidade de Nova York, com um consultório particular em Manhattan.

Os pais de Harry, judeus vienenses que trocaram a Áustria pela América do Sul em 1938, moravam em seu país natal, a Colômbia. Em 1988, a mãe dele faleceu. O pai morreu um ano depois, e Harry sentiu uma tristeza profunda. Carla tentou conversar com ele sobre isso e sugeriu que ele conseguisse ajuda. Ele estourou.

"Estou triste, Carla. Perdi meu pai e minha mãe", disse ele. "Esta é uma reação normal a um luto duplo. Posso passar por isso. Se estivesse dançando e cantando pela casa, talvez, *então*, deixasse você me convencer a consultar alguém."

Em 16 de dezembro de 1989, quatro meses depois do funeral do pai, Harry demorou muito para voltar para casa do escritório novo que o casal havia acabado de comprar em Chelsea. Carla começou a ligar, mas não houve resposta. Finalmente, depois de várias outras chamadas sem resposta, ficou preocupada o bastante para ir até o consultório e ver se ele estava bem.

Ela o encontrou inteiramente vestido, deitado em uma maca de exame, ainda com uma injeção intravenosa autoadministrada com uma mistura de tiopental e heparina. Estava morto aos 43 anos. Não deixou nenhum bilhete.

Carla olha para trás naquele momento dividindo o mundo dela em um "antes" que nunca mais existiria de novo e um chocante, instantâneo e não negociável "depois". E a primeira reação dela foi uma pergunta chocada, assustada e furiosa: "Isso é brincadeira?!"

"Era como quando um casal casado há tanto tempo como nós tinha uma briga", disse ela. "Você grita, ele grita, ele sai batendo a porta e, depois, a porta se abre de novo, ele volta e vocês se entendem. Mas desta vez era como se ele tivesse dito a última palavra antes de sair, e a porta nunca mais se abrisse. Os casais discutem as coisas. "Estou pensando em comprar um carro novo" ou "Estou pensando em começar a jogar tênis". Não "Estou pensando em tirar minha vida". Minha opinião não importa?

É claro que junto com aquela raiva veio um fluxo imediato de outras emoções: confusão, medo, culpa, emoções demais para identificar todas. Mas, de algum modo, ela ainda pensou com clareza suficiente para pegar o telefone e chamar a polícia.

A polícia e o legista chegaram minutos depois. A polícia teve dificuldade em aceitar a ideia de que um médico pudesse se matar; e no caos repentinamente organizado, um detetive do 10º Distrito Policial foi falar com Carla e perguntou se ela era enfermeira e se sabia dar injeção intravenosa.

Ela respondeu gritando: "Você acha que eu o matei? Você está louco?" O que Carla sabia sobre suicídio na época era que, segundo o noticiário, era algo raro e trágico que acontecia com celebridades perturbadas. Isso não fazia parte da sua vida no mundo real. Então, foi uma surpresa para ela que os suicídios tivessem de ser investigados pelo departamento de polícia científica e pelo legista em Nova York. Depois da autópsia e da investigação, ficou claro que Harry tinha planejado tudo metodicamente: comprara a droga letal cerca de um mês antes e a administrou em si mesmo.

Carla ainda se lembra do espetáculo na frente do prédio do consultório de seu marido quando finalmente saiu: carros de polícia e veículos de emergência por toda parte, pessoal da polícia e paramédicos entrando e saindo do prédio, enquanto pessoas que caminhavam com os cães, pegavam sua correspondência, iam para casa com as compras de mercado, só levando sua vida normal, se reuniam curiosas para ver a causa de toda a agitação. O momento mais devastador e intensamente pessoal da vida de Carla tinha se transformado em uma atração pública.

Os primeiros meses foram um borrão. Carla não tinha a opção de desabar. Ela e Harry não tinham filhos, mas Harry tinha pacientes no hospital, pacientes com cirurgia agendada, pacientes com consultas e exames agendados, e ela se sentiu responsável por encontrar outros médicos que os atendessem. Também estava tentando lidar com uma reação dos que a rodeavam que a pegou completamente de surpresa. Parecia haver muita culpa voltada para ela, olhares e perguntas implícitas de amigos e dos colegas e pacientes de Harry, como: "O que você fez de errado para deixá-lo tão infeliz?" e "Você tem de ter visto sinais de que isso ia acontecer. Por que você não o interrompeu?" Essas perguntas implícitas doíam, especialmente porque eram as mesmas perguntas que ela estava fazendo a si mesma. O suicídio, logo descobriu, era um tipo diferente de morte. Vergonhoso. Atraía críticas como um imã. Tudo a respeito do motivo, enquanto os sobreviventes ficavam abalados e isolados no fundo.

É claro que esse mesmo *porquê* também assombrava Carla. Ficou examinando momentos, acontecimentos e conversas passadas em seu casamento com Harry como um detetive. Ela os repetia sem cessar em sua mente como um filme que estivesse rebobinando, desesperada para resolver o mistério do que levou o homem que amava, a quem conhecia melhor do que qualquer outra pessoa na terra, para um final fatal e planejado metodicamente. "Se eu tivesse interferido..." "Se eu tivesse dito alguma outra coisa..." "E aquela vez em que eu briguei com ele?"

"Será que ele realmente queria morrer sozinho assim ou será que esperava que eu chegasse antes e o salvasse?" O legista disse-lhe que Harry adormeceu segundos depois de aplicar a intravenosa e morreu minutos depois. Ele aplicou dez vezes a dose letal de tiopental. Ele queria isso. Ela ficou obcecada com aqueles últimos momentos em que entrou na sala, foi até a maca de exame e se deitou. Ele devia ter sabido que ela o encontraria. Isso a enraiveceu e partiu seu coração. Ele lhe deixou aquela imagem horrível pelo resto da vida. Como ousou fazer isso com ela, sua esposa, sua parceira, sua amante, sua melhor amiga? Como ele ousou? Mas ainda assim, escolher morrer, e ainda por cima sozinho... o seu Harry... devia estar sofrendo muito. Foi chocante para ela que as pessoas que a rodeavam estivessem fazendo grandes esforços para não mencionar Harry, provavelmente com medo que a palavra *suicídio* pudesse ser pronunciada. Já se sentia abandonada por ele. Agora, além de se sentir profundamente triste, culpada e abalada, se sentia como uma pária, isolada em geral, quase punida por algo que ele tinha feito.

E aí havia o medo e a pressão de ser deixada com uma pilha de problemas financeiros. Harry era quem mais sustentava a casa. Haviam feito uma hipoteca sobre seu apartamento para comprar o consultório dele em Chelsea seis meses antes; e como Harry tinha um futuro tão brilhante, foram aprovados para uma hipoteca dupla que agora era responsabilidade dela. Carla tinha um contrato de um livro quando ele morreu. Mas aí ela descobriu que sua capacidade de escrever tinha sido paralisada, se não extinta, e escrever era a única maneira que ela conhecia para se sustentar.

Estava se afogando, financeira e emocionalmente, e precisava de alguma ajuda. Se juntou ao *SafePlace*, um grupo de suporte ao luto dos samaritanos de Nova York. Isso salvou a sua vida.

Se viu rodeada por uma sala cheia de pessoas compassivas, que usavam livremente a palavra *suicídio* em vez de evitá-la como se essa fosse a palavra mais obscena em qualquer idioma. Encontrou pessoas que foram torturadas pelas mesmas perguntas sem respostas, isolamento e estigmas que ela, e que estavam prontas e dispostas a conversar sobre isso. Encontrou novos amigos que podiam dizer: "Eu sei exatamente como você se sente", e sabiam mesmo. E encontrou um novo propósito

– dizer a outros sobreviventes a um suicida que eles não estavam sozinhos e que havia esperança à frente se estivessem abertos e se esforçassem para isso.

Demorou meses, mas, finalmente, conseguiu colocar palavras no papel novamente. Começou a procurar em livrarias e não encontrou nada sobre sobreviver ao suicídio de uma pessoa querida e disse a si mesma: "Se não há livros sobre isso, então eu devo escrever um". O resultado foi seu sábio, reconfortante e sincero *No Time to Say Goodbye: Surviving The Suicide of a Loved One* (sem tradução no Brasil).

Começou a receber convites para falar a grupos por todo o país a respeito de sobreviver a um suicida, e descobriu que quanto mais aberta era com os sobreviventes com quem falava, mais tinha a ensinar e aprender. Reuniu uma poderosa coleção de mensagens, não obviedades, que ainda partilha com sobreviventes a um suicídio em todo o mundo.

Ela diz que no primeiro ano você está em um estado de choque e anestesiamento total. Fica mais difícil antes de ficar mais fácil. E o segundo ano é mais difícil do que o primeiro. O entorpecimento começa a desaparecer, a maior parte do trabalho já acabou, e você se vê pensando: "Bom, eu fiz tudo certo no ano passado, fiz tudo que devia fazer e ele ainda está morto! Não é justo!" Começa realmente a cair a ficha de que isso é permanente, e nada que você possa dizer ou fazer vai mudar o ocorrido.

Por volta do terceiro ano, a névoa começa a clarear, especialmente quando você olha para trás e percebe que primeiro você lida com o suicídio e, depois, você lida com a morte. E ao redor do quarto ou quinto ano, você começa a acreditar que talvez você possa mesmo seguir em frente. A perda sempre será parte de você. Isso só vai definir você e a pessoa que você perdeu se você deixar. Seu luto pode condená-lo à vida sombria e amarga de uma vítima ou pode alimentar uma vida rica de encontrar maneiras para honrar a pessoa querida e mantê-la viva por meio disso. A escolha é sua. Enquanto isso, existem algumas maneiras práticas de começar.

Proteja sua saúde;
Busque outros sobreviventes;

Cerque-se de pessoas que o deixem à vontade;
Procure ajuda profissional se precisar;
Aceite que você e o mundo a seu redor mudaram.

Como Carla me disse, e tem toda razão, não existe varinha mágica para desligar sua inevitável fixação com as horas finais de seu ente querido falecido antes de ele escolher tirar a própria vida. Ela aprendeu a olhar para isso deste modo: quando alguém morre de câncer ou de ataque do coração ou em um acidente de carro, nós não ficamos obcecados por seus últimos minutos, quando estavam lutando para respirar ou gemendo de dor. Nós não reduzimos a vida dessas pessoas a nada mais do que um curto período de tempo. Nós devemos o mesmo respeito às vítimas de suicídio que devemos a todas as outras pessoas que amamos e perdemos – um foco determinado não em como elas morreram, mas em como elas *viveram*.

Também me disse algo no qual nunca tinha pensado antes, que é mais fácil de falar do que fazer, mas prometi que tentaria. Não existe jeito fácil, disse ela, de varrer da sua mente o ciclo inevitável de culpa de "e se" e "se pelo menos", a barragem de "o que eu fiz/disse, ou não fiz/disse, que fez isso acontecer?" Mas o esforço de começar a substituir esses pensamentos derrotistas por pensamentos mais leves e mais produtivos vale muito a pena. Estejamos conscientes disso ou não, existiram sem dúvida muitas vezes em que fizemos ou dissemos a coisa *certa* e salvamos a pessoa querida de se matar, quando nós a amamos e afastamos o perigo sem nem saber disso. Se vamos encher nossa mente com perguntas que nunca serão respondidas, por que não insistir em enchê-la com as perguntas que nos lembram quantas vezes nós podemos ter sido heróis?

E, no final, é essencial lembrar que, ao contrário das crianças, cujos suicídios tendem a ser muito mais impulsivos, os adultos são muito deliberados a respeito disso. Sabem o que estão fazendo, e foi isso que escolheram fazer. Nenhum de nós escolheu por eles. Nós, sobreviventes, escolhemos viver. "Fico triste por Harry ter feito isso", disse Carla, "mas não vou me deixar arrastar com ele". Na verdade, ela não só não se deixou arrastar junto a ele, mas ela e sua vida começaram a se abrir de modo do qual nunca havia imaginado. Descobriu que ela e os sobreviventes a um suicida com que falou e de quem teve notícias conforme liam seu trabalho passavam de estranhos a amigos rapidamente. Tinham uma conexão imediata, independentemente de raça, religião, política, poder aquisitivo, *status*, profissão, história pessoal — afinal,- doença mental e suicídio são estigmas de igual oportunidade. Ela passou a conhecer um novo mundo de pessoas fortes, incríveis, resilientes que porventura nunca teria tido o prazer de conhecer de outra forma; e também descobriu que estava se tornando uma mulher mais forte, mais compassiva, mais empática e complexa do que jamais imaginara que pudesse ser. Mesmo agora, 30 anos depois do início de sua jornada como sobrevivente a um suicida, ela continua a encontrar camadas mais profundas de si mesma. Se tornou uma pessoa melhor, uma escritora melhor e uma esposa melhor.

Depois de três ou quatro anos de cura, Carla começou a namorar. Ela e algumas de suas amigas do *SafePlace* riram mais de uma vez só de imaginar ir a bares de solteiros, e algum homem a convidar para dançar e ela responder: "Oi. sou a Carla. Meu falecido marido enfiou uma intravenosa no braço e se matou. Obrigada, eu adoraria dançar". Provavelmente, isso não resultaria em uma segunda dança.

Ela acabou conhecendo e se apaixonando por um homem maravilhoso chamado Allen Oster. Logo no início do relacionamento, lhe disse exatamente o que tinha acontecido ao marido. Ele nunca perguntou o porquê, nem sugeriu que talvez tivesse alguma culpa. Só ficou triste por ela ter passado por essa tragédia e prometeu estar presente quando ela quisesse falar sobre isso e quando não quisesse também. Ele queria olhar para a frente, não para trás, e quando a pediu em casamento, ela não hesitou em dizer sim.

Teve de admitir para sua terapeuta, porém, que estava com medo de ter vontade de sair correndo e gritando na hora do casamento. Já tinha caminhado até o altar antes. Estava muito apaixonada por Allen. Também havia estado profundamente apaixonada por Harry, e veja só o que aconteceu. Sempre tinha se orgulhado de ser perceptiva, mas não tinha percebido nem um traço de doença mental em Harry, nem um único sinal de alerta de que significasse o planejando de um suicídio. Se seus instintos tinham falhado tão miseravelmente com o Harry, como podia confiar neles em relação ao Allen? Não podia abrir seu coração desse jeito de novo e acabar passando pela mesma tragédia à qual ela mal tinha conseguido sobreviver nos últimos quatro anos.

Por outro lado, quando se concentrava na vida que teve com Harry, e não no modo como tinha terminado, só sentia gratidão. Estava feliz por ter sido casada com ele. E começou a considerar como uma prova de suas lembranças felizes o fato de ainda ter capacidade de amar, e amar profundamente, e acolher essa oportunidade de ser muito feliz com Allen.

Carla e Allen estão casados há mais de 20 anos agora. Ela continua a ser uma escritora prolífica, uma palestrante internacional e convidada em diversos programas de TV e rádio, comprometida a acolher os sobreviventes a um suicida, do mesmo modo que a *SafePlace* a acolheu quando se sentia tão sozinha. A vida dela é rica e cheia de propósito, não apesar de sua jornada trágica e dolorosa, mas por causa disso.

Meu segundo ano estava se desenrolando, e descobri que realmente é ainda mais difícil do que o primeiro.

Podem acreditar: nunca perdi de vista o fato de ter muita sorte. Tenho duas carreiras ocupadas que amo. Tenho dois filhos que amo e adoro ficar algum tempo com eles, e eles também parecem gostar de ficar algum tempo comigo. Morar na cidade torna mais fácil encontrar o Alex, mas nunca deixaria que qualquer coisa ficasse entre mim e os jogos de hóquei de Chloe. Na verdade, uma noite nós ficamos imaginando se Rob tinha sido tão determinado a estar presente como eu era.

Foi no final de março de 2018. A final dos *play-offs* do distrito Atlantic, um jogo decisivo para que o time de Chloe se qualificasse para os campeonatos nacionais. O jogo emocionante terminou em empate; e quase peguei o celular para mandar uma mensagem de texto a Rob dizendo que haveria prorrogação, com 10 ou 12 pontos de exclamação. Mas havia animação suficiente no ar e música suficiente a todo volume nos alto-falantes do rinque para me trazer de volta à realidade. Nunca tirei os olhos de Chloe e da expressão de pura alegria no rosto dela enquanto o time se reunia ao redor da técnica para uma dica de estratégia de último minuto.

Depois de uma breve espera, as jogadoras voltaram ao gelo. A prorrogação começou e, no que pareceu apenas um segundo, nós vencemos! Nós íamos para os campeonatos nacionais! Ai, meu Deus! A multidão enlouqueceu, e eu também. Demorei alguns longos minutos que pareceram uma eternidade para passar pelos fãs, pais, fotógrafos, pai e jogadoras que comemoravam até chegar ao banco para abraçar minha filha emocionada e heroica.

— Parabéns!" eu gritei no ouvido dela. — Estou tão orgulhosa de você!
— Obrigada, mamãe. Mas sabia que íamos vencer! – retrucou.
Perguntei como ela podia saber disso.
— Porque o papai está aqui!
Parecia muito mais específico do que um comentário típico "conosco em espírito", e olhei para ela.
— Do que você está falando?
— Você não ouviu a música que tocou logo antes de o jogo recomeçar?
— Não, eu não estava prestando atenção – eu disse. — Por quê? Qual foi?
— 'Werewolves of London'! Isso foi o papai!
Não entendi nada. Lembrava vagamente da música.
— O que 'Werewolves of London' tem a ver com o seu pai?
— Ele e eu costumávamos ouvir essa música quando estávamos indo para os jogos de hóquei!

Tudo bem, você pode considerar isso como uma coincidência, se quiser. Eu só acho impossível acreditar que, literalmente com milhões de músicas aleatórias que podiam ter sido tocadas entre o jogo regulamentar e a prorrogação, "Werewolves of London", um sucesso da década de 1970 que Rob e Chloe gostavam de ouvir juntos 40 anos depois a caminho dos jogos de hóquei, "só acabasse sendo" a música que levou o time de Chloe a uma grande vitória. No que me diz respeito, essa "coincidência" é ainda mais improvável do que a ideia de Rob enviar essa música naquela noite para que a filha soubesse que ele estava lá, torcendo por ela.

Conforme parecia, entre meus filhos, meus pacientes e meus compromissos na TV, estava ocupada como sempre, o que teve o lado ruim quando o inverno se transformou em primavera no segundo ano.

Inevitavelmente, todas as pessoas que tinham saído de seu conforto para me dar apoio e atenção no primeiro ano viram que eu estava funcionando a todo vapor de novo e acharam que tempo suficiente já tinha passado e que eu estava de volta ao normal. Assim, voltaram a cuidar da própria vida. Como deviam mesmo ter feito, sem dúvida alguma. Mas eu notei o silêncio. Notei a ausência de pessoas ligando ou aparecendo "só para ver como você está". Notei que as pessoas até pararam de mencionar Rob, para meu conforto e delas também, tenho certeza. Não é que eu sentisse falta da atenção especial, era que todo mundo parecia estar agindo como se Rob nem tivesse existido, muito menos que nos tivesse afetado ao se matar. Não queria que as pessoas ficassem presas a isso, mas parecia que isso tinha sido importante demais para ser algo esquecido agora.

Outro lado ruim foi que, embora tenha sido uma bênção ter estado tão ocupada no primeiro ano, isso começou a pesar no segundo ano. Uma das minhas "amigas de *shivah*", que tinha perdido o marido para o suicídio, tinha me alertado: "Não se surpreenda se não conseguir fazer tantas coisas como costumava", e ela estava certa. Por toda a minha vida, quando terminava meus compromissos do dia e ainda tinha algum tempo livre, pensava: "Ótimo! Posso cuidar destas duas ou três outras coisas antes de ir dormir". Agora eu penso: "Eu podia, só não estou com vontade" e deixo de lado. Foi uma grande mudança para mim, e bem difícil! Eu me sentia fraca, indisciplinada e preguiçosa, e esperava muito mais de mim mesma do que ser fraca, indisciplinada e preguiçosa. Demorou um pouco, mas com a ajuda da Dra. Simring, aprendi a ser paciente comigo mesma, a me dar permissão para dizer: "Tudo bem, você não precisa fazer nada agora, você pode cuidar disso amanhã" e reconhecer que "fraca, indisciplinada e preguiçosa" apenas significava que "Isso é uma coisa ligada à morte de Rob". Dizem que o primeiro passo para resolver um problema é identificá-lo. É verdade. Aprender a identificar uma "coisa ligada à morte de Rob" quando aparecia, pelo menos me permitiu pegar um pouco mais leve comigo mesma.

Eu também estava aprendendo do jeito mais difícil a esperar ser pega de surpresa de vez em quando e aceitar que a) vai doer, e b) já passei por coisa pior e vou conseguir superar isso.

Chloe e eu estávamos no nosso banco local em um sábado à tarde, nosso banco de família há décadas, quando encontramos uma de minhas pessoas preferidas. Ele foi um dos ginecologistas-obstetras que me treinou quando era residente, um homem sul-americano gentil e cuidadoso e um ótimo cirurgião que eu não via desde o final da minha residência, 14 anos antes. Nós nos cumprimentamos calorosamente, e adorei apresentá-lo a minha filha de 18 anos, bela e alta, que tinha seis meses quando comecei a residência.

Estávamos naquela conversa comum e rápida de perguntas do tipo "Como você está?"/ "Onde mora agora?"/ "O que aconteceu a [insira um nome de um conhecido comum daquela época]?" quando ele disse, de repente, "Como está o seu marido?"

Ele podia ter se abaixado e puxado o tapete embaixo dos meus pés. Tenho certeza de que meu rosto ficou tão pálido quanto o de Chloe, enquanto um caixa próximo que sempre nos atendia disse a ele, em espanhol, "Você não soube?"

Foi um momento horrível. Se tivesse sido alguém que não significasse nada para mim, podia ter escapado com um simples "Ele faleceu" ou algo assim. Mas esse era um velho amigo. Pela primeira vez, disse em voz alta: "Rob se foi. Ele tirou a própria vida". Chloe e eu contamos a ele o que tinha acontecido, de modo breve e sincero, e foi chocante como parecia surreal e entorpecido, enquanto estávamos dizendo que Chloe e eu tínhamos passado por isso.

Nem preciso dizer que meu amigo ficou absolutamente triste e que me senti triste por ele – ele só tinha feito uma pergunta inocente e bem-intencionada, e não era culpa dele não ter sabido de Rob. Chloe e eu garantimos que não havia nada de que se desculpar, nós nos abraçamos e nos despedimos e todo seguimos com o nosso dia.

É claro que doeu. Muito. Como qualquer golpe sempre dói, seja ou não intencional. Com certeza, eu passei por isso.

E passar por isso foi a melhor coisa que eu podia fazer, porque por baixo de toda a agitação e "normalidade" que eu demonstrava a todos que me cercavam, estava escondendo o fato de que, por dentro, havia muitas vezes em que ainda me sentia completamente abalada.

CAPÍTULO DEZ

EU CONSEGUI CONTAR COM AS PEÇAS NECESSÁRIAS DE MIM MESMA para me apresentar aos meus espectadores, meus pacientes, minha equipe e meus amigos e parentes. Algumas vezes sentia que conseguiria juntar todas essas peças de novo. Outras vezes, porém, ainda lutava para redescobrir que mulher forte, confiante, realizada, do tipo que dá-conta-de-tudo que eu havia sido durante quase 50 anos.

A Dra. Simring e eu falamos muito sobre isso. Ela ficava me dizendo que essa sensação de "um passo para frente, dois passos para trás" era normal no segundo ano conforme a névoa diminuía e a realidade ficava mais nítida. Eu ia passar por isso, só precisava ter paciência. Enquanto isso, "Lembre-se das metas, das prioridades e da energia da pessoa que você era antes de o suicídio acontecer, e dê a essa "você" o respeito de manter essas coisas andando do jeito que puder".

Confiava nela, e ela com certeza estava pensando com mais clareza do que eu. Então, acreditei no que ela dizia e segui o seu conselho o melhor que pude, inclusive voltando a me comprometer com a obsessão da melhor terapia física e mental que costumava fazer: exercício físico. A mulher que eu era funcionava muito melhor quando se exercitava regularmente. Talvez, isso me ajudasse a encontrar o caminho de volta.

Por mais que fosse tentada a deixar isso de lado ou por muitas que fossem as desculpas do tipo "amanhã eu faço", mantive meus compromissos com meu treinador no alto da minha lista de prioridades. E até consegui voltar à *SoulCycle*. Isso, o lugar em que estava ocupada pedalando enquanto Rob estava pulando da Ponte George

Washington. Finalmente, aprendi a dirigir pela ponte sem desabar. Com certeza poderia aprender a superar meu medo de que algo horrível pudesse acontecer se recomeçasse a ter aulas de bicicleta na *SoulCycle* de novo.

Consegui. E foi ótimo. Fiquei viciada nisso de novo, e todos que eu amava passaram por isso.

No início da aula em um fim de semana, o instrutor, James J., me elogiou em público, de modo casual e leve como: "E ali está a Dra. Ashton, uma das melhores alunas, com registro de comparecimento perfeito". Quando a sala escureceu para que a aula começasse, eu olhei para a minha esquerda e vi uma jovem a duas bicicletas de distância de mim, que falou silenciosamente: "Você é a Dra. Ashton?" Eu fiz que sim, e ela continuou: "Eu conheço a Chloe".

Naquele momento, a aula começou, e não pude continuar a conversa. E quando a aula terminou, cada um foi para seu lado, e não tive uma chance de me apresentar direito. Mas disse a Chloe que alguém que ela conhecia estava na minha aula de bicicleta.

"Eu sei", respondeu ela. "Ela me disse que viu você lá. Ela é uma de minhas amigas sobreviventes a um suicida em Lawrenceville. O pai dela se matou quando ela tinha 13 anos".

Treze! Ai, meu Deus, coitadinha, ela era só uma criança. Precisava ouvir a história dela.

"Rebecca Butler" (a pedido dela, não uso o nome verdadeiro) teve uma infância ótima. Ela e as três irmãs, duas delas mais velhas, uma mais nova, eram muito próximas; e os pais não eram só marido e mulher, eram também grandes amigos que nunca se desrespeitavam nem levantavam a voz um para o outro.

Depois de muitos anos de sucesso em Wall Street, o pai de Rebecca mudou-se com a família para a cidade em que a mãe dela nasceu na costa noroeste do Pacífico, onde deu início a vários negócios prósperos. Rebecca foi a garotinha do papai desde o dia em que nasceu. Era muito parecida com ele, enquanto os irmãos pareciam com a mãe, e ela se sentia muito orgulhosa por ela e o pai serem tão próximos.

Não se lembra de nada fora do comum antes, mas se lembra da noite em que ele chegou em casa depois do trabalho e disse para a esposa:

"Tem alguma coisa errada comigo. Não estou pensando claramente. Preciso de ajuda".

O pai dela tinha sofrido concussões durante a infância e não tinha sido tratado adequadamente, e ele tinha certeza de que aquelas concussões estavam no centro de vários problemas mentais que gostaria muito e finalmente deixar para trás. A mãe de Rebecca agiu imediatamente e encontrou um terapeuta, que começou a tratá-lo e receitou medicações.

Um mês depois do dia em que anunciou que precisava de ajuda, ele dirigiu até um parque tranquilo e atirou em si mesmo. Sua esposa e os dois filhos mais velhos o encontraram.

Rebecca tinha 13 anos. A infância dela morreu junto com ele.

Ela se lembra de ser invadida por pesar, dor, raiva, confusão e vergonha. Não conseguia compreender o que tinha acontecido, muito menos processar e mal conseguia procurar ajuda nos amigos – que também tinham 13 anos, e a infância deles ainda estava intacta. Na verdade, de repente ficaram pouco à vontade perto dela e pareciam evitá-la sempre que possível. Ela nunca esqueceu o primeiro dia do ensino médio. Um dos professores estava fazendo a chamada e disse o nome dela, e uma garota do outro lado da classe de 25 alunos gritou: "Ah, foi o seu pai que se matou!"

Rebecca e sua grande família se ajudaram mutuamente e ficaram ainda mais próximos. A mãe dela foi incrível, mesmo tendo acabado de perder o marido, o pai de seus quatro filhos e seu melhor amigo também. Ela pareceu deixar o próprio pesar de lado, estava sempre presente para eles e providenciou para que fizessem terapia imediatamente. Rebecca passou por três diferentes terapeutas até achar um com quem se conectou. "Pode demorar um pouco para encontrar o certo", disse ela.

Isso é muito verdadeiro, e é impressionante que uma menina tenha entendido e continuado a procurar. Conheço alguns adultos que precisavam de terapia, mas que a rejeitaram completamente só porque não gostaram de um ou dois terapeutas. Rebecca sabia aos 13 anos que precisava de ajuda para entender tudo que estava acontecendo dentro dela, desde o pesar doloroso a se sentir como uma estranha na escola, até a pior perda que podia ter imaginado, a perda do pai que adorava e que sempre a tinha feito se sentir a pessoa mais especial no mundo.

Depois de aproximadamente um ano, se tornou resistente à terapia e parou de ir, por vários motivos. Por um lado, se ressentia com a monotonia de ter um compromisso uma vez por semana "entrar em uma sala e chorar durante uma hora". Por outro lado, olhando para trás, percebeu que estava deixando que a raiva se tornasse o padrão, a zona de conforto, quase um hábito, enquanto a terapeuta continuava a tentar que ela explorasse outras áreas do luto que doíam demais. Afinal de contas, a raiva é a emoção mais segura. Nós sentimos menos dor quando estamos com raiva do que quando estamos abertos e vulneráveis. Ela se sentia culpada se passasse mesmo só um dia sem ter sentimentos intensos sobre alguma coisa, e a raiva era o mais facilmente acessível. Um carrossel constante de perguntas continuava a incomodá-la – "Por que você não me amava o bastante para ficar?", "Como você pode me deixar quando sabia o quanto eu te amava?", "Por que eu não fui suficiente?". E quando essas perguntas começaram a deixá-la triste, realmente se obrigou a substituir essa tristeza pela raiva, pois essa era uma emoção com que sabia que podia lidar.

Rebecca me surpreendeu quando resumiu essa parte de seu processo de cura dizendo: "Você pode ficar com raiva, mas não fique viciada nisso. Isso pode se tornar um conforto assustador para sentir a dor".

Um "conforto assustador". Eu nunca ouvi essa descrição da raiva antes, muito menos de alguém tão jovem.

Quando finalmente estava pronta para olhar para aqueles outros aspectos do luto que ainda não tinha processado, ela buscou a terapia de novo e, olhando para trás, aprecia profundamente o crescimento que veio da terapia. Nos primeiros anos, deliberadamente tentou bloquear as lembranças do pai, porque elas a deixavam dolorosamente consciente do fato de que ele tinha morrido por sua própria escolha. Mas graças ao tempo e muito trabalho com a terapeuta, começou a encontrar alegria ao lembrar como ele era um homem maravilhoso, um pai maravilhoso, e que maravilhoso marido e amigo fora para a mãe dela durante os 20 anos em que eles ficaram casados. "Não posso deixar que o último ato dele na Terra defina a vida dele", decidiu finalmente, e quatro anos depois descobriu que em vez de serem um peso, suas lembranças são um impulso para ir em frente. Ela parou de esperar que a dor desapareça completamente. Em vez disso, fez as pazes com isso, deixando que a dor coexista com todos os outros muitos elementos de sua vida feliz, ocupada e produtiva.

A sua fé cristã também lhe traz muito conforto, pois entendia que esse homem terno e amoroso que estava em tanta confusão e desespero em seus últimos momentos na Terra está em paz do Outro Lado, agora e para sempre. Tem certeza de que nunca teria sobrevivido à perda do pai sem seu próprio relacionamento profundamente pessoal com Jesus. E existe um pouco de ironia que não passou despercebido a ela: "Algumas vezes, o estigma de ser religioso é quase tão ruim quanto o estigma do suicídio – diga "Eu amo o Senhor" para algumas pessoas, e se afastarão depressa de você, como se isso pudesse ser contagioso". Além disso, ela também entende por que existe um ditado que diz: "Eu amo Jesus, mas tolero os cristãos".

Ela acredita que todos têm direito a seu próprio modo de entrar em contato com seu poder superior, seja qual for o nome que lhe deem, e se pergunta sobre muitos cristãos: "O que aconteceu com o '*Não julgais para não serdes julgados*' (Mateus 7:1)?" Ela só deseja que todos os outros sobreviventes a um suicida tenham uma fé que lhes dê a certeza que ela encontrou no cristianismo, de que esta vida não é tudo que existe, que nossos entes queridos estão felizes e inteiros e conosco quer possamos vê-los ou não, e que estaremos com eles de novo algum dia nos braços de Deus.

Atualmente, essa jovem admirável se considera abençoada, não por ter perdido o pai, mas por ele ter estado com ela. Sua grande família aumentou ainda mais, com um padrasto e um irmão adotivo que ama muito e um irmão mais velho, que estava no último ano do ensino médio quando o pai deles se suicidou e que ela descreve como a pessoa mais incrível que conhece.

É uma ótima aluna em Lawrenceville, ansiosa por iniciar a faculdade e indo em frente com orgulho em vez de tristeza por ter sido e ser para sempre a "garotinha do papai".

"Tudo na vida acontece por um motivo", diz ela. "Nossas vidas são repletas de histórias, ações e reações e padrões intrincados. Podemos não saber as razões de tudo agora, mas algum dia saberemos."

PASSEI MUITO TEMPO PENSANDO SOBRE ESSA QUESTÃO DA RAIVA. Que parece vir rápida e naturalmente para a maioria dos sobreviventes a suicidas com quem falei, inclusive Rebecca. Sou metade italiana e sou taurina. A raiva não é exatamente um conceito estranho para mim, embora geralmente a deixe de lado como um desperdício de tempo. E sem dúvida alguma, tive espasmos de raiva em relação a Rob depois de ele tirar a própria vida. Mas na maior parte do tempo, senti muito mais tristeza do que raiva em relação a ele e continuei a me perguntar porquê.

Eu entendi isso durante um grande projeto que iniciei em abril. Era a hora de limpar a unidade de armazenamento de Rob, que eu estava pagando todos os meses desde que ele morreu. Qualquer pessoa que tenha passado por uma limpeza após o falecimento de alguém sabe que essa é uma tarefa exaustiva, emocional e, às vezes, incompreensível. Caixas de roupas? Claro, tudo bem, eu consigo. Anuários da faculdade? Sem problema. Um monte de potes e panelas de um homem que apreciava equipamentos de culinária do mesmo jeito que algumas pessoas apreciam obras de arte? Ótimas peças para a pilha "doar". Mas uma bola de futebol murcha da infância de Alex e Chloe? É mesmo? Quanto mais horas passava examinando os pertences de Rob, mas a palavra *coisas* assumia um significado completamente novo.

Minha mãe me encontrou lá uma ou duas vezes. Meus filhos foram até lá algumas vezes. Encontraram várias coisas do pai que queriam guardar, e fiquei feliz ao observar que ficavam animados com as conexões tangíveis com ele. Também foi tocante descobrir que Rob havia guardado algumas lembranças do nosso casamento, principalmente um livro de poesia que ele tinha me dado quando ainda éramos recém-casados e apaixonados. Guardei essas lembranças, com alegria.

O verdadeiro pesadelo logístico se deu porque, Rob era um leitor voraz, e definitivamente *não* era um fã do Kindle. Gostava de *livros* — segurá-los, arrumá-los nas prateleiras, folhear as páginas e colecioná-los.

Não estou exagerando quando digo que devia haver 60 ou 70 caixas de livros empilhadas na unidade de armazenamento. A questão era: o que vou fazer com eles? Meus filhos não tinham lugar para eles, e eu tampouco, mesmo que quisesse guardá-los.

Chloe teve uma brilhante ideia. Ela e Alex examinaram os livros e separaram os que sabiam ser os favoritos dele. Depois, em vez de guardar os livros, sabendo que nunca iriam lê-los, só tirou a sobrecapa para fazer uma colagem gigante emoldurada e protegida por vidro, que ela e o irmão podem apreciar pelo resto da vida. Adorei isso e queria ter tido essa ideia.

Na maior parte do tempo, porém, era só eu, algumas horas por semana, olhando peça por peça, livro por livro, examinando cada item que Rob tinha achado valioso o bastante para guardar até o fim da vida. E enquanto separava essas centenas de livros, respondi minhas perguntas sobre minha falta de raiva após o suicídio dele.

Nos últimos anos de nosso casamento, muito antes de fazermos terapia de casal, Rob fez uma proclamação inesquecível sem pedir desculpas: "Tudo de que preciso para ser feliz são meus livros e meus cães". Passei por um profundo senso de fracasso e abandono quando, no que me dizia respeito, ele tinha se afastado de mim preferindo ficar sozinho, em sua cadeira favorita, com a cabeça enfiada nas páginas de alguma história de não ficção que, aparentemente, julgava muito mais interessante do que eu.

O que admiti para mim mesma enquanto separava aquelas infinitas caixas de livros, ou a "outra mulher" na vida de Rob, foi que eu também tinha passado por minha profunda raiva em relação a ele na época, por causa da minha percepção de que ele, essencialmente, tinha virado as costas para mim, nosso casamento e nosso compromisso um com o outro. Eu não ia tentar competir pela sua atenção, nem proibir um homem adulto de ler em sua própria casa, e ele certamente não tinha paciência para discutir um problema que, no que lhe dizia respeito, era meu, não dele. Então, continuei com minha vida e fiquei furiosa, em um estado perpétuo de "fúria sem ter para onde ir", até finalmente perceber que ficar com raiva dele ia me magoar muito mais do que o magoaria. Isso era contraprodutivo, não resolvia nada e, no fim das contas, acabou se extinguindo e, exceto por alguns espasmos circunstanciais, não sentia raiva de Rob quando ele se suicidou.

Havia uma certa paz em chegar a essa percepção enquanto continuava a examinar todos aqueles livros e caixas do resto das coisas de Rob. Levou uma eternidade. Algumas vezes, a fria realidade me atingiu – "Ai, meu Deus, olha o que estou fazendo. Ele realmente morreu!" – e estava quase relutante em terminar porque isso seria "o fim". Algumas vezes, só queria terminar para poder finalmente deixar esse pesar horrível para trás.

E, esperava, deixar para trás também os sonhos vívidos e perturbadores que tinham começado a interromper o meu sono.

Exceto pelas primeiras semanas depois do suicídio de Rob, eu sempre tinha dormido muito bem em toda a minha vida. Eu sempre consegui adormecer em segundos, quase como se isso fosse uma das minhas tarefas, e dormia profundamente até o alarme disparar. Nunca usei o botão de soneca. Se eu tinha sonhos, que suponho que tinha, eram aparentemente agradáveis e pouco memoráveis o bastante para que continuasse a dormir.

Mas de repente, um ano e três meses mais ou menos depois de começar a me recuperar, o que com certeza eram muitos traumas não resolvidos começaram a aparecer sob a forma de pesadelos e me acordavam pelo menos uma noite por semana, e a maioria desses pesadelos envolvia – estão prontos? – água. Não uma bela e acolhedora água em que eu passava todo o tempo possível desde que era bebê, ao ponto de que fico mais confortável na água do que em terra firme. Não, a água nesses sonhos era violenta, assustadora e avassaladora. Por exemplo, estava em uma praia e via uma imensa onda de tsunami vindo na minha direção. Ou estava no meio de um furacão, sob uma chuva cegante, tentando achar o meu caminho em meio à correnteza das ruas inundadas.

Não acho que é preciso ser Sigmund Freud para perceber o simbolismo emocional de "água assassina" para uma mulher cujo ex-marido se matou pulando de uma ponte. Esses pesadelos eram exaustivos e perturbadores, e não tinha ideia de como fazê-los parar. Tinha medo, e ainda tenho às vezes, de que eles continuem pelo resto da minha vida. Bem, quando penso que já passei pelo pior da dor e estou melhorando, um outro sonho de tsunami me assusta e me tira de um sono profundo no meio da noite, e penso: "A quem estou enganando? Não estou melhorando nem um pouco".

Nunca questionei meus sentimentos antes. Agora, parecia estar questionando muito, e isso me deixou ainda mais ansiosa para ir em frente. Só não tinha ideia de aonde ir. A última coisa na Terra que esperava era me apaixonar.

Seria pouco dizer que namorar era a coisa mais distante da minha mente, não só depois da morte de Rob, mas muito antes disso. Desde quando nosso casamento terminou e ele começou a namorar, não estava interessada. Não namorava desde os 20 e poucos anos, quando conheci Rob. Agora, aos 49 anos, isso nem me passava pela cabeça. Eu tinha duas carreiras muito agitadas, era financeiramente independente, meus filhos tinham 18 e 19 anos, minha vida já estava cheia e ocupada o bastante, e estava lidando com muitas das minhas próprias questões de cura e recuperação. Não precisava lidar com um homem além de tudo isso e, com certeza, não queria entrar em um relacionamento no qual fosse a pessoa emocionalmente carente ou que precisasse de cuidados.

Também estava convencida de que eu era provavelmente demais para qualquer homem – autoconfiante demais, clara demais sobre o fato de que meus filhos vinham primeiro, muito voltada para a carreira, muito sobrecarregada com minha própria bagagem emocional para ter paciência com a de outra pessoa, muito "já passei por isso". O único homem que poderia vir a me interessar teria de ser inteligente, bem-sucedido profissionalmente, atencioso, ético, sincero, financeiramente seguro, divertido, romântico e preparado para tirar meus pés do chão. Ah, bonitão e sexy também não seria nada mal. Em outras palavras, um homem que acreditava não existir.

Eu estava errada.

Em meados de 2018, um amigo em comum nos apresentou. O nome dele era, e ainda é, Todd. Eu confiava o bastante no amigo em comum para saber que ele não teria me apresentado a um malandro, ou um babaca, ou um homem totalmente sem sal, e esse homem parecia muito inteligente e atraente. No lado ruim, também era médico – exatamente na última posição na minha lista de alguém com quem gostaria de me envolver. Nosso amigo obviamente pensou que isso nos daria muitas coisas em comum. É claro que dava. Mas só digamos que as palavras *uma mudança de ritmo renovadora* não vinham à mente.

Porém, decidi não ser tão rápida em criticar e, desde aquela primeira noite, Todd foi incrível. Eu já tinha entendido, com o incentivo da Dra. Simring, que eu devia a mim mesma, e a ele, deixar de lado a fachada "perfeita" e ser completamente transparente em relação a tudo desde o início: o suicídio de Rob, o que isso fizera com meus filhos e comigo, como ainda estava abalada e hesitante em relação a me reconstruir, com muito caminho ainda pela frente. Foi como quebrar muitos dos meus hábitos mais fortes e mais antigos na fase de conhecer e aprender todo um novo conjunto de habilidades de comunicação sem botão de editar, a abordagem "Eu sou assim, é pegar ou largar", totalmente preparada para a possibilidade de ele escolher "largar". Em vez disso, ele foi gentil, compassivo e forte o suficiente para não sentir nem um pouco de medo de mim. Na verdade, no final da noite, era óbvio para nós dois que não havia apenas um namoro em nosso futuro, estávamos começando um relacionamento.

Quando isso se tornou uma realidade, tive certeza de que ele seria importante na minha vida, foi a hora de falar com Alex e Chloe sobre ele. Eles insistiram em conhecê-lo, é claro, e ele também estava ansioso por conhecê-los. Não fiquei nada surpresa por eles gostarem uns dos outros. Todd se aproximou deles como um novo amigo mais do que como um potencial padrasto, e foi gentil o suficiente ao falar sobre como meus filhos eram ótimos a ponto de elogiar a mim e a Rob sobre como nós os tínhamos criado bem. Nem por uma vez ele questionou todas as fotos de Rob no meu apartamento, nem o desrespeitou de nenhuma forma. E, enquanto eu oscilava entre ter o maior pavio do mundo e o menor do mundo, e entre me sentir a mulher mais forte do planeta por causa de tudo que tinha passado e a mais fraca e frágil porque as feridas ainda eram tão novas, ele foi firme como uma rocha, com a paciência de um santo. Ninguém ficou mais surpresa do que eu quando percebi que estava me apaixonando.

Nossa primeira viagem juntos foi um fim de semana na Flórida, onde Todd tinha organizado uma aventura surpresa. Ele não me contou aonde íamos, só garantiu que eu amaria e teria momentos incríveis. Estava animada e muito intrigada, imaginando uma viagem de um dia a *Key West* ou mergulho autônomo ou, talvez, uma bela e mágica tarde nadando com golfinhos.

Imagine minha tristeza quando desci do carro em meu biquíni prateado novo para descobrir que tínhamos chegado a nosso destino lamacento para nossa eco tour particular de caiaque pelas *Everglades*. Nosso guia estava por perto, descarregando os caiaques de um caminhão.

— Desculpe — eu disse — mas existem jacarés nestas águas?

Ele estava tão despreocupado com isso que nem parou o que estava fazendo.

— Tem sim, moça, milhares deles.

Meu Deus!

— Você tem uma arma?

Ele parou de trabalhar só o suficiente para olhar para mim por cima do ombro e sacudir a cabeça.

— Não vou precisar de uma, moça.

Se a intenção era inspirar confiança, isso fracassou completamente. Eu fiquei petrificada. Não queria fazer nada além de agarrar o Todd e gritar: "Me tira daqui!" Mas ele estava empolgado e tinha se esforçado para providenciar o que achou que seria uma surpresa emocionante para mim. O mínimo que poderia fazer era tentar.

Então, nós saímos em nossos caiaques que pareciam feitos de lenço de papel, no que me dizia respeito. E é claro que nosso guia estava certo, que o *Discovery Channel* estava certo, e que existem muitos jacarés nas *Everglades* da Flórida. A julgar pelos olhos que via nos espiando na água a nosso redor, havia mais ou menos um bilhão deles, e todos pareciam famintos. Foi assustador.

De algum modo, porém, depois de uns 20 minutos sem ser comida, comecei a relaxar um pouco, pensando que a aventura não era tão ruim, e notei que 3 horas depois, entre o caiaque, a natureza, os pássaros, a vida selvagem, a paz, a calma, a simplicidade, o senso de relaxar e apenas *ser*, sem mencionar, com alguém que era tão estimulante e atraente pelo qual estava completamente fascinada. Não era uma aventura em que tivesse pensado, nem tido vontade de fazer antes, mas foi incrível, e foi uma das primeiras vezes desde que Rob morrera que me senti verdadeiramente no presente e *viva*. Eu mal podia esperar para levar meus filhos para lá. Liguei para Chloe assim que cheguei em casa e lhe contei tudo sobre isso.

— Você e Alex vão *amar*! – lhe disse.

Houve um breve silêncio. Então, ela estourou.

— Deixa-me entender bem isso – disse. — Eu devo ficar feliz ao ouvir que você passou três horas remando ao redor de jacarés? O que vem agora, mamãe? *Skydiving*? *Bungee jumping*? Escalar montanhas? Nadar com tubarões? Eu realmente gostaria e tenho certeza de que Alex também gostaria que, daqui em diante, você não se envolvesse em atividades de lazer que envolvam um sério risco de vida. Detesto ter de lembrar, mas *você é a única mãe que nós temos!*

Eu me senti horrível. Pedi desculpas e prometi que nunca, nunca mais correria riscos desnecessários com a minha vida. Nós éramos amigas de novo na hora em que desligamos, mas isso ainda me deixa chocada. Não consegui dormir muito bem naquela noite.

Desde o dia em que Alex nasceu, pensei mais vezes do que posso contar que, se não fosse por meus filhos, eu não teria medo da morte. Como todo mundo, não estou especialmente ansiosa por ela, mas meio que aceitei a inevitabilidade deste fato, até que me tornei mãe. Depois, a ideia de deixar meus filhos sem mãe se tornou assustadora, um pouco mitigada pelo fato de que pelo menos eles ainda teriam o pai. Mas agora...

"A única mãe que nós temos."

Chloe tinha razão. Sem riscos desnecessários. Nunca mais.

CAPÍTULO ONZE

DESDE QUE ROB TIROU SUA VIDA, A ÚNICA COISA NESTA TERRA que me apavora mais do que a ideia de morrer antes do tempo é a ideia de perder um dos meus filhos. Nem consigo imaginar como alguém pode sobreviver à perda de um filho.

Conversei com duas mulheres cujos filhos tinham morrido por suicídio. Elas generosa e abertamente me contaram tudo o que haviam passado, e eu ainda não consigo imaginar.

Janie Lopez estava sentada com uma de suas mais antigas amigas no Brooklyn Promenade em uma tarde tranquila, contando sobre a conversa por telefone que teve quatro dias antes com seu filho de 20 anos, Sam. Ele parecia otimista, falando sobre suas próximas aulas no Colorado College, sua namorada, seu trabalho de manutenção do campus, da vida em geral e de como tudo parecia estar indo bem. Essa foi a conversa mais animada que ela havia tido com ele em algum tempo. Janie e seu marido, Tony, estavam cautelosamente otimistas pensando que ele podia ter dado uma virada na vida. Ele devia estar tomando seu estabilizador de humor.

O primeiro filho de Janie e Tony, Matt, tinha cinco anos quando Sam nasceu. Sam era muito parecido com Janie. Até fisicamente ele se parecia com ela. Janie é muito sociável e adora reunir pessoas; e Sam podia ser ótimo com todo mundo, era o primeiro a fazer amizade com os novos garotos na escola e a fazer com que eles se sentissem bem-vindos e percebessem que não estavam sozinhos. Ela o levou a um psicólogo quando ele tinha três anos de idade por causa de algumas "coisas" pelas quais estava passando. No final da sessão, a psicóloga comentou com ela: "Não é maravilhoso que você tenha uma chance de se recriar?" Desde o começo, Janie "entendeu" bem, no fundo de seu ser, como era e qual homem ele poderia se tornar, por baixo das questões psicológicas que começaram a se desenvolver no início da adolescência, algumas das quais ele foi hábil em esconder dela. Na maior parte do tempo, ele agia de modo perfeitamente normal. Uma vez, ela lhe disse: "Se você decidir que deseja se tornar um jogador profissional de pôquer, vou apoiá-lo totalmente: você tem a melhor cara de blefe que já vi em toda a minha vida".

Sam era um estudante extremamente inteligente e um pensador crítico desde tenra idade, e se sentiu atraído pela raiva e pela escuridão. Seus gostos literários tendiam para escritores iconoclastas como Jack Kerouac e David Foster Wallace, autores cujos temas frequentemente incluíam drogas, promiscuidade, rebelião, depressão, desespero e suicídio; e ele ficou particularmente fascinado pelos filósofos alemães. Como Janie perguntou retoricamente quando conversamos: "Tem alguém mais sombrio do que os filósofos alemães?"

Foi fácil para Janie considerar muitos dos comportamentos de Sam durante o ensino médio como típicos da angústia adolescente – não querer lidar com as coisas, afastar-se dos pais e do irmão mais velho, fechar-se no quarto e experimentar drogas, principalmente maconha e cetamina, que era a sua favorita. Tony ficou pensando se Sam poderia ser bipolar. Janie achou que essa era uma sugestão muito extrema, mas quando Sam lhe parecia especialmente sombrio, com raiva ou deprimido, ela perguntou-lhe se ele gostaria de fazer terapia. Ele sempre disse que não, sabendo que a terapia revelaria seu uso de drogas.

Sam terminou o ensino médio e foi para o Colorado College, começando um curso de literatura comparada, mas no segundo ano mudou para filosofia e parecia estar indo bem. Estava interessado pelas aulas e pelos colegas e se apaixonou por uma garota maravilhosa. Ele sempre se esforçava para fazer com que Janie soubesse que as pessoas gostavam dele, porque sabia que isso era importante para ela. E ficou entusiasmado ao conhecer os pais e o irmão dela em uma reunião de família em Nova Orleans durante as férias de Natal. Os parentes dela disseram várias vezes a Tony e Janie como eles eram pais maravilhosos por terem criado filhos tão fabulosos, amigáveis e especiais como Matt e Sam.

Uma semana depois da reunião, Tony e Janie estavam em sua casa em London, quando receberam uma ligação do reitor de alunos do Colorado College. Sam teve um surto psicótico na escola, agindo de forma tão extrema que foi levado para o hospital depois de ingerir grandes quantidades de maconha e de um suplemento fitoterápico chamado Kratom, que pode ter efeitos de alteração mental e produzir euforia. Ele foi dispensado da escola por um semestre para se recuperar.

Imediatamente voaram para o Colorado, buscaram Sam que estava em um centro de tratamento e o levaram de volta a London. Eles o levaram a um psiquiatra que prescreveu-lhe medicamentos, garantiram que tomasse os remédios e o levaram a reuniões do NA (Narcóticos Anônimos). A namorada dele veio ficar com eles, e isso o deixou feliz. Com os remédios, terapia, e reuniões do NA, as coisas começaram a parecer melhores. Quando Sam e a namorada partiram, três semanas depois, ele estava animado para voltar ao Colorado, conseguir um emprego, ganhar dinheiro antes do início do semestre seguinte e ser um adulto. Então, quando Janie estava sentada com sua amiga no Brooklyn Promenade naquela tarde, quatro dias depois de sua animada conversa ao telefone com o filho mais novo, tinha toda razão para acreditar que talvez o pior tivesse ficado para trás. Ela não tinha como saber que depois de voltar para o Colorado, Sam tinha parado de tomar os remédios, deixado de ir à terapia e desistira das reuniões do NA.

O telefone de Janie tocou, interrompendo sua conversa com a amiga e mudando o resto de sua vida.

Era a namorada de Sam, tão histérica que Janie mal conseguia entendê-la. Ela e Sam tomaram o café da manhã juntos, antes dele sair para o trabalho de manutenção. Tinham planos para depois do trabalho, mas ele não voltou para casa. Em vez disso, dirigiu cinco horas para Taos, no Novo México, e escreveu um e-mail para seu melhor amigo em London, que, por causa da diferença de fuso horário de sete horas, tinha acabado de lê-lo e ligou imediatamente para a namorada de Sam.

Resumindo, o e-mail dizia: "quando você receber isto, eu terei me suicidado pulando da Ponte da Garganta do Rio Grande. Sinto muito por fazer isso com você, mas você é o único que vai conseguir lidar com isso. Amo minha mãe, amo meu pai, amo meu irmão, amo minha namorada e meus amigos e sei que eles me amam. Tive uma vida incrível, mas simplesmente não consigo mais lidar com esse desespero".

— Liguei para o xerife em Taos, mas ele não me disse nada porque eu não sou da família. Você precisa ligar para ele – disse a namorada para Janie, agitadamente.

Enquanto isso, o amigo de Sam em London tinha imprimido o e-mail e o levado para Tony; então, Janie e Tony ligaram para Taos exatamente na mesma hora.

— Ele está morto? – Janie perguntou ao xerife.

— Sinto muito, mas sim, ele morreu.

screveu para mim como se fosse uma cena em um filme ruim – lá estava ela, no meio da Promenade, em pânico e gritando a todo pulmão, enquanto a amiga a abraçava e dizia: "Não vou deixar você até Tony chegar em casa".

Ela não deixou. Na verdade, ligou para os melhores amigos de Janie, e todos se reuniram na casa de Janie e Tony, em Nova Jersey, e ficaram ao lado dela até Tony chegar em London. Janie estava tão chocada que não conseguia pensar com clareza, muito menos entender a horrível realidade de que Sam estava morto. Ela se lembra do terrível processo de avisar as pessoas, e das pessoas indo e vindo, e se sentindo como se estivesse embaixo d'água e observando tudo a mil quilômetros de distância. Se lembra de Tony gentilmente dizendo para a mãe dela: "Nós temos de contar uma coisa", e sua mãe gritando para ele: "Não! Eu não quero saber! Não diga nada! Eu não quero saber!" Ela se lembra de momentos em que tinha certeza de que uma parte dela tinha morrido junto com Sam, e de outros momentos em que achava que o fato de ele não estar presente não significava nada, que esse era um terrível mal-entendido e que ele não tinha morrido de jeito nenhum, porque os dois filhos tinham viajado por todo o mundo, e, às vezes, ficava semanas sem vê-los.

Janie e Tony fizeram a viagem surreal a Albuquerque três dias depois. O filho deles, Matt, um arqueólogo que tinha começado a trabalhar em Montana, teve de dizer a seu novo empregador: "Tenho de ir, meu irmão morreu", e ele encontrou os pais no Novo México para ajudar com os procedimentos póstumos tristes e inevitáveis. O primeiro pensamento de Janie ao vê-lo foi quanto era importante para ela que os três estivessem juntos. O segundo pensamento, logo depois do primeiro, foi a percepção súbita e dolorosa de que Matt agora era filho único e que, quando ela e Tony se fossem, ele estaria totalmente sozinho no mundo.

Janie acreditava muito no valor da terapia. Havia passado por uma horrível depressão 20 anos antes e, como me contou: "Eu não queria voltar para aquele buraco de novo. Isso destruiria minha vida, meu casamento e minha família. Não vou deixar que isso aconteça". Imediatamente, ela encontrou uma terapeuta e começou a ter sessões duas vezes por semana. Todos os dias, se obrigava a sair da cama, tomar banho, se maquiar e sair com amigos. As pessoas diziam: "Você é tão corajosa", e ela respondia: "Não sei de que outro jeito passar por isto. Se existe outra opção, me diga qual é, porque eu posso achar muito melhor".

Foi organizado um serviço memorial para Sam no Colorado College. A ideia foi do capelão da escola, não de Janie e Tony. Alguns de seus parentes anunciaram no Facebook e acrescentaram algo sobre se juntar à família "para dizer adeus". Janie ficou furiosa. "Eu não vou dizer adeus!", disse ela. "Eu vou homenagear meu filho! *Não* vou dizer adeus a ele!"

Ela queria muito que Sam pudesse estar ali para ouvir os colegas falarem como o amavam e que diferença ele fez na vida deles – como estavam se sentindo sozinhos quando chegaram ao campus até que Sam se apresentou e fez amizade com eles; como ele reunia todos e sempre encontrava um modo de dizer que tudo ia ficar bem; como as conversas com ele eram divertidas, profundas e interessantes; e como, mesmo que alguns o conhecessem há pouco tempo, ele nunca seria esquecido.

Janie escreveu seu próprio tributo ao filho para o serviço memorial e o compartilhou comigo:

"Algumas pessoas nascem neste mundo com uma alma antiga. Algumas pessoas mal podem esperar para crescer e experimentar tudo que o mundo tem a oferecer. Algumas pessoas

sentem tão profundamente, que a dor se torna demais. Algumas pessoas sentem que a cidade não pode contê-las e que o céu não é grande o bastante. Algumas pessoas provocam a morte e a morte aceita o desafio e vence.

Samson tinha uma grande chama dentro dele, e possuía o poder de acender essa chama nos outros, mas não confiava em si mesmo com o poder que ela continha.

Eu queria mostrar a ele o quanto era especial. Queria que ele tivesse ouvido o que os outros dizem sobre como era especial. Eu queria que ele pudesse ver como meu coração estava e está, cheio de amor por ele. Eu queria ter conseguido curar a dor dele, mas eu teria de ver a dor primeiro. Eu daria qualquer coisa para dar a ele mais um abraço, mais um beijo, e ter mais um momento para olhar o belo rosto dele.

Meu bebê do Brooklyn
Meu menino de Nova Jersey
Meu rapaz de London
Meu homem da montanha
Meu lindo e brilhante Samson
Eu te amo hoje, amanhã e sempre..."

Me surpreendo porque, quando conversei com Janie, não fazia nem dois meses que Sam tinha tirado a própria vida. Ela ainda estava em carne viva e foi lindamente aberta comigo tão cedo em sua cura. Um de seus maiores medos era se tornar amarga, especialmente ao ver os filhos dos outros indo para a faculdade, se casando, tendo filhos e vidas longas e plenas, enquanto seu filho terminou sua história e fechou o livro apenas com 20 anos.

Conversei com outra mãe que está muito mais adiantada na longa e inexprimível jornada de luto pelo suicídio de seu filho. Rezo do fundo do coração para que a história dela possa levar algum conforto a Janie e lhe garantir que não está sozinha e que realmente pode e vai sobreviver a isso.

No início de setembro de 2010, Tyler Clementi, aos 18 anos, começou seu ano de calouro na Universidade Rutgers.

Em 22 de setembro de 2010, ele ficou sob os holofotes da mídia nacional nas questões de *cyberbullying* e do preconceito ignorante e revoltante enfrentado pelos jovens da comunidade LGBTQIA+ quando pôs um fim a seu desespero, tirando a própria vida na Ponte George Washington.

Às 21h30 daquela noite tempestuosa, os pais de Tyler, Jane e Joe, estavam assistindo TV na casa da família em Nova Jersey quando o telefone tocou. Era a Polícia da Autoridade Portuária, pedindo que fossem a sua sede em Fort Lee. Era algo que tinha a ver com o filho. Pela pouca informação que a polícia lhes deu, Jane e Joe sabiam que algo horrível tinha acontecido, mas não tinham ideia do quanto era horrível.

Ela e Joe disseram à Polícia da Autoridade Portuária que estavam a caminho e desligaram. Jane sentiu um medo gelado na boca do estômago e ligou para um número de telefone em Rutgers que haviam recebido na orientação, um número para os pais ligarem se tivessem motivo para ficar preocupados com seus filhos e precisassem que alguém contatasse os filhos.

"Acabamos de falar com a polícia", ela disse para a voz do outro lado da linha. "Você tem de encontrar Tyler."

Enquanto ela e o marido percorriam os 24 quilômetros embaixo de uma chuva pesada até o prédio da Autoridade Portuária, Jane pensava na longa conversa telefônica que tivera com Tyler naquela manhã, a conversa mais longa desde que ele começara a faculdade. Era uma quarta-feira. No fim de semana seguinte seria o Fim de Semana dos Pais na Rutgers. Ela, Joe e os outros dois filhos mais velhos, James e Brian, iriam. Ela e Tyler tinham planejado várias atividades: eles iriam ao jogo de futebol e todos jantariam juntos depois. Ela levaria muita água, cookies e macarrão instantâneo para que ele deixasse no quarto do dormitório universitário. Mas e a bicicleta dele? Ele tinha se tornado um ciclista entusiasmado um ano e meio antes, e tinha havido várias conversas sobre se devia ou não levar sua bicicleta cara e nova quando começasse a faculdade. Ele queria que eles a levassem também? Houve uma pausa antes de ele dizer: "Ah, a minha bicicleta", em tom baixo, e depois simplesmente continuou: "Não a traga". Naquela tarde, ela encheu o carro com as compras de supermercado que tinha pedido. As compras ficariam semanas no carro.

Entre a Polícia da Autoridade Portuária e as informações que receberam passivamente durante os dias infernais que se passaram antes de encontrar e identificar positivamente o corpo de Tyler, Jane e Joe conseguiram reunir os acontecimentos que precederam o desaparecimento de seu filho.

Em 19 de setembro, Tyler tinha pedido ao colega de quarto, cujo nome Jane preferiu não mencionar, se podia ficar sozinho no quarto naquela noite, pois teria um encontro com um amigo. O colega de quarto tinha pesquisado Tyler on-line antes do início das aulas e mandado uma mensagem para um amigo do ensino médio: "Ferrou a minha vida. Ele é gay". Ele também descobriu que Tyler estava participando ativamente em uma sala de chat gay e postou um link para uma das conversas de Tyler no Twitter, acrescentando o comentário: "Descobri que meu colega de quarto é gay". Na noite em que Tyler pediu ao colega de quarto algumas horas de privacidade com o namorado, o colega, usando sua webcam, o computador de uma amiga e iChat, enviou secretamente imagens de Tyler e seu namorado fazendo sexo. Alguns minutos depois da visão da webcam, o colega de quarto escreveu no Twitter: "Eu o vi transando com um cara".

Tyler tinha um encontro com o mesmo rapaz em 21 de setembro e tinha pedido para usar o quarto naquela noite também. Mais ou menos às 18h30, o colega de quarto escreveu no Twitter: "Quem tiver iChat, mande um vídeo chat para mim das 21h30 à meia noite. Sim, vai acontecer de novo".

Tyler viu os tweets. Ele relatou o incidente a um assistente residente e a dois seguranças da Rutgers e pediu formalmente para trocar de quarto e que seu colega de quarto fosse punido. O assistente residente descreveu Tyler como "abalado e constrangido" durante a reunião; e nas primeiras horas de 22 de setembro, Tyler escreveu nos quadros de mensagens de Just Us Boys e de Yahoo que tinha feito uma queixa às autoridades da universidade e que o assistente residente "pareceu levar o incidente a sério".

A carteira e o celular de Tyler foram encontrados na mesma noite na Ponte George Washington.

Alguns dias depois, a polícia do condado de Middlesex começou uma investigação, e o colega de quarto de Tyler e a colega de dormitório, cujo computador foi usado, foram expulsos do campus. Depois que

Jane, Joe, James e Brian voltaram para casa depois de pegar os pertences de Tyler no dormitório em Rutgers, a imprensa já tinha começado a se reunir no seu jardim, e uma tempestade de mídia internacional estava a caminho para cobrir uma história que incluía tudo, de *cyberbullying* a suicídio e a comunidade LGBTQIA+.

Pensando em seu precioso filho mais novo, Jane relembra que garoto feliz e cheio de energia ele sempre foi, com um sorriso caloroso e um bom senso de humor, um garoto muito social que gostava de pessoas sem se importar em ser o centro das atenções, um garoto que com certeza nunca parecia deprimido.

Mas, de novo, sendo gay, Tyler cresceu aprendendo a esconder muito de si mesmo. Talvez sofresse de depressão e tenha aprendido a esconder isso também, por trás de um sorriso em vez de um rosto sério. Sem ele, Jane estava entorpecida, angustiada, perdida em um denso nevoeiro e no inevitável buraco de e-se e "eu devia". Suas rotinas diárias usuais pararam completamente, sem nenhum lugar para fugir de seu pesar latejante e vazio. Seu filho mais velho, James, falou sobre Tyler em uma noite de vigília a velas em Nova Jersey, e Jane foi porque James estava lá. Ela não tinha conseguido lidar com o fato de a morte de Tyler ter acontecido como um suicídio até então. Mas nessa noite, pela primeira vez, ouviu as histórias de outras pessoas que perderam alguém querido por suicídio e ficou sabendo que os pais cujos filhos tinham tirado a própria vida pareciam cair em dois campos: os que diziam que o filho tinha lutado contra a depressão e contra o comportamento de dano autoinfligido e quase sentiam que esse fim horrível da história era uma questão de tempo, não de se; e outros que, como Jane, sentiam que o suicídio do filho era um evento situacional/reativo, uma solução permanente para um problema temporário.

Em dezembro de 2011, Jane e Joe começaram a aceitar pedidos de entrevistas de muitas revistas e programas de TV. Ela se lembra de ouvir as perguntas e respondê-las, sem ter ideia de quais palavras estavam saindo de sua boca. A mídia já tinha se reunido organicamente e, só depois de Jane e Joe fundarem a Fundação Tyler Clementi é que eles começaram a emprestar suas vozes publicamente à história de seu filho. Foi preciso algum tempo para que Jane e Joe descobrissem qual deveria ser o foco da fundação, mas finalmente isso evoluiu para sua missão atual, definida no site da Fundação Tyler Clementi:

> *"Nossa missão é acabar on-line e off-line com o bullying nas escolas, locais de trabalho e comunidades religiosas.*
>
> *A Fundação Tyler Clementi foi criada pela família Clementi para evitar o bullying por meio da inclusão e da afirmação de dignidade e aceitação como uma forma de honrar a memória de Tyler: um filho, irmão e amigo.*
>
> *Em 2010, a morte de Tyler se transformou em uma história global, destacando o impacto e as consequências do bullying, enquanto estimulava o diálogo entre pais, professores e alunos em todo o país. A história dele também se ligava a questões mais amplas que afetam jovens e famílias, como desigualdade* LGBTQIA+, *segurança nas escolas, jovens em crise, sistemas de apoio à educação superior e cyberbullying.*
>
> *Em 2011, a Fundação Tyler Clementi nasceu da necessidade urgente de abordar esses desafios de bullying enfrentados pelas populações vulneráveis, especialmente comunidades* LGBTQIA+ *e outras vítimas de ambientes sociais hostis.*
>
> *Não só continuamos a divulgar a mensagem importante sobre o risco de suicídio vivido por muitos jovens* LGBTQIA+, *que podem ter um risco de três a sete vezes maior de suicídio do que outros jovens, mas também nossa mensagem de enfrentar o bullying fala universalmente entre culturas e identidades.*
>
> *Por meio de programas como #Day1, que oferece ferramentas gratuitas para download e personalizadas para diferentes comunidades, a fundação incentiva a liderança em criar espaços seguros nos quais as pessoas possam passar de observadores a agentes que acolhem a diversidade."*

E depois, em fevereiro de 2012, mais uma vez graças à ampla atração da mídia pela história de Tyler, Jane e Joe foram convidados para um evento de gala no Hotel Waldorf Astoria em Nova York, realizado pela *Human Rights Campaign*, o maior grupo ativista por direitos civis e organização de lobby político LGBTQIA+ nos Estados Unidos. Essa foi uma de suas primeiras aparições em público, muito tocante e comovente: o lugar estava lotado, e quando Jane e Joe foram apresentados no palco, a grande multidão os aplaudiu de pé e isso os emocionou muito. Em memória de Tyler, eles foram calorosamente acolhidos pela comunidade LGBTQIA+, muitos dos quais se tornaram seus novos bons amigos. Isso deixou Jane se sentindo muito orgulhosa e grata e, ao mesmo tempo, sofrendo sozinha pelo filho que estaria ali se pudesse ter passado por aquele sombrio e desesperado momento de desamparo.

Quanto aos alunos da Rutgers que desencadearam aquele momento de desespero, a colega de dormitório cujo computador foi usado para espionar Tyler e seu namorado fizeram um acordo em 6 de maio de 2011, em troca de seu depoimento contra o colega de quarto, depois que um grande júri do condado de Middlesex o indiciou em 15 acusações, que incluíam invasão de privacidade e intimidação de gênero, todos os crimes descritos na legislação de crime de ódio do estado de Nova Jersey. Ele foi a julgamento em 24 de fevereiro de 2012. Jane e Joe estiveram presentes em todos os dias do julgamento, para serem a presença de Tyler no tribunal, e estavam lá em 16 de março de 2012 quando o colega de quarto foi condenado em todas as 15 acusações por seu papel nos crimes cibernéticos contra Tyler e seu namorado. Ele foi sentenciado a 30 dias de prisão, três anos de liberdade condicional, 300 horas de serviço comunitário, uma multa de US$ 10.000 e aconselhamento. As sentenças foram anuladas por um tribunal de recursos de Nova Jersey em setembro de 2016, e ele aceitou um acordo um mês depois.

A resposta de Jane foi simples e direta: "Neste mundo digital, precisamos ensinar nossos jovens que as ações deles têm consequências, que as palavras deles têm força real para ferir ou para ajudar. Eles devem ser incentivados a escolher ajudar as pessoas e não arrasá-las".

Em público, conforme o tempo passava, Jane ficou cada vez mais ocupada, aceitando convites para palestras e para participar de mesas redondas, trabalhando com a Fundação, continuando a dar entrevistas para a mídia e mantendo seu trabalho como enfermeira de saúde pública. "Estar 'ocupada' me ajuda a não ter tempo demais para pensar", diz ela. "E sempre ajuda ter algo exterior para se focar."

Em particular, porém, essa mulher que nunca tivera depressão em sua vida considerou seriamente o suicídio mais de uma vez. Depois da morte de Tyler, tudo que ela queria fazer era fugir. Até tinha um plano, e chegou perto de executá-lo muitas vezes; mas no início ela simplesmente não tinha energia para pô-lo em prática e, depois, a tendência dela para a indecisão aparecia e a impedia. Quando ela percebeu que não conseguiria acabar com a própria vida, começou a rezar para que Deus a levasse.

Depois, em 2017, ela recebeu o diagnóstico de câncer de mama. Precisava tomar uma decisão: fazer ou não o tratamento. Foi então que decidiu que ainda tinha trabalho a fazer. Ela tinha um propósito importante. Sendo assim, foi em frente com o tratamento e uma mastectomia, deixou as ideias de suicídio para trás e escolheu viver de novo.

Jane sempre foi uma mulher de muita fé, e a igreja que frequenta lhe deu muito apoio imediatamente depois da morte de Tyler. Mas nos meses e anos que se seguiram, começou a notar as mensagens enviesadas e discriminatórias do púlpito que podiam facilmente ser interpretadas como *bullying* pela juventude LGBTQIA+ — a posição, por exemplo, de que uma união civil entre pessoas do mesmo sexo é aceitável, mas *certamente não* o casamento. E quando ficou aparente para Jane que sua igreja não podia e não seria tolerante em relação aos Clementis como uma família com filhos gays, ou com seus novos amigos gays, ela deixou de frequentar essa igreja. No que lhe diz respeito, se pudéssemos pôr um fim ao *bullying* baseado em religião, a taxa de suicídio entre os jovens LGBTQIA+ cairia significativamente; e seu núcleo espiritual, mais forte do que nunca, agora inclui a afirmação "Minha fé não intimida".

Mesmo agora, oito anos depois, ainda teme a época das festas, em especial o Natal. O aniversário de Tyler era em dezembro.

Ele adorava tudo nesse mês, inclusive armar a árvore, colocar luzes externas e decorar tudo como louco. Tentou ignorar as festas nos primeiros anos, mas finalmente fez as pazes com elas, celebrando-os com sua família de modos novos e diferentes, com novas e diferentes tradições, concentradas em olhar para a frente, não para trás.

Ela é especialmente grata por sua terapia contínua e pela objetividade e validação de sua terapeuta clara e bem-treinada. Jane acredita, e eu não poderia concordar mais com ela, que nós sobreviventes a um suicida, muitas vezes somos nossos piores inimigos e críticos mais duros, questionando tudo a respeito do nosso comportamento e reações, e as opiniões das pessoas sobre como estamos vivendo o luto. Algumas pessoas, sentia ela, achavam que estava apegada a seu pesar por tempo demais e não estava indo em frente tão rápido como deveria. Ao mesmo tempo, quando uma amiga dela continuou direto com sua vida ocupada depois de o marido falecer, as pessoas julgaram a amiga dela supostamente, por não ter ficado de luto durante tempo suficiente. No final, Jane e o resto de nós, sobreviventes, acabamos percebendo, pelo menos intelectualmente que não existe um jeito "certo" ou "errado" de passar pelo luto; nós só temos de fazer o que funciona para nos levar através de nosso pesar, nos colocar de pé e ir em frente de novo.

Jane recentemente fez a transição para uma nova década de sua vida, e isso a inspirou a reiniciar a vida, dizendo adeus ao passado e se comprometendo com o que tem certeza de ser o seu destino, graças a tudo que aprendeu com o filho mais novo, pela maneira como ele viveu e o modo em que morreu: "Eu preciso fazer uma diferença".

Fiquei muito emocionada depois de conversar com Jane. Fiquei maravilhada por ela encontrar forças não só para continuar a viver, mas também para fazer algo produtivo e proativo e que honra a memória de Tyler. Ela está ajudando outros, o que provavelmente a ajudou a se curar e se recuperar (na medida em que é possível se curar e se recuperar depois de perder um filho). E se ela pode fazer isso depois do horror pelo que passou, certamente, meus filhos podem fazer isso e *eu* posso fazer isso também, algum dia quando estiver pronta para sair do esconderijo e falar, se tiver uma dica de onde começar.

Também lamentei por Tyler, esse rapaz maravilhoso que nunca tive a honra de conhecer. Ele teria 26 anos agora, sem dúvida teria se formado na Rutgers, pois era bem-sucedido em tudo que escolhia fazer, se apenas como disse Jane, não fosse jovem demais para ver que estava escolhendo uma solução permanente para um problema temporário. Não foi apenas o que Jane compartilhou sobre ele que me comoveu profundamente, foi também uma carta que o outro filho dela, James, escreveu para ele e que foi publicada na edição de 1º de fevereiro de 2012 da revista *Out*. Ela é linda demais para não ser compartilhada:

> *"Eu conheço muitas pessoas que você ainda não encontrou e que um dia amariam você tanto quanto eu. Mesmo depois do que você fez, não consigo vê-lo como um rapaz triste, deprimido ou solitário. Para mim, você sempre será meu irmão mais novo, meigo e terno. Já ouvi a história muitas vezes: como você fez isso, na noite em que pulou. Da primeira vez, e em todas as vezes em que eu a ouvi, li em um jornal, ouvi na TV ou sonhei com ela,*

essa história ainda me confunde. Eu o conheço e sei que você não é assim. E não é desse jeito que penso em você, sozinho e frio no final.

Você é jovem, com o potencial só começando a se desenrolar. Você é sangue, minha conexão com o passado e minha esperança para o futuro. Você é beleza, transitória e maravilhosa. Sei que houve dor, e sinto muito isso, mas você também era alegria. Sua voz, seu sorriso, suas mãozinhas segurando as minhas. Eu nunca vou soltar."

CAPÍTULO DOZE

⁓

ESPECIALMENTE QUANDO OUÇO HISTÓRIAS COMO A DE JANIE E A DE JANE, me sinto a mulher com mais sorte no planeta por ter meus dois filhos saudáveis, felizes e incríveis. Literalmente, agradeço a Deus por eles todos os dias. E como uma mãe ocupada e que trabalha muito, aproveito todas as oportunidades de passar algum tempo com eles e, sempre que possível, os levo comigo em viagens de trabalho. Assim, em 6 de junho de 2018, acordei animada, pois mais tarde nesse dia eu iria a Los Angeles, onde participaria de um painel com o CEO da *American Heart Association* na próxima tarde; e Alex e Chloe iam comigo.

Gravei meu segmento de *Good Morning America* e fui para meu consultório para seis horas de consultas. Então, no minuto em que minha última paciente foi embora, peguei minha bolsa e minha bagagem e saí para pegar um táxi e encontrar meus filhos no Aeroporto Newark. Parei na mesa da recepção para me despedir de Carole e Ana e olhei para a TV da sala de espera para ver um alerta de "últimas notícias". No mesmo momento, recebi uma mensagem de texto de Chloe que dizia: "Kate Spade cometeu suicídio!". Olhei de novo para a TV e, com certeza, a notícia inesperada era o suicídio da designer superstar da moda, Kate Spade, aos 55 anos.

Toda manchete de suicídio desde 11 de fevereiro de 2017 desencadeava relances instantâneos de um entorpecimento gelado e muito pessoal em meus filhos e em mim, mas este foi um soco no estômago, como sei que foi também para muitas pessoas ao redor do mundo. Nunca encontrei Kate Spade, mas a admirava como designer e empresária. Senti a dor por ela e por sua família, e o fato de o suicídio dela estar em todas as mídias fez com que nos tocasse ainda mais. Supostamente, ela tinha tudo, certo? Começou a especulação nas mídias sociais.

Eu estava com pressa demais de chegar ao aeroporto e não podia parar para processar o que acontecera além da opressiva consciência de que algo muito triste tinha acontecido. Alex, Chloe e eu não falamos nisso quando os encontrei no portão de embarque, mas nos abraçamos ainda mais forte do que o comum antes de entrar na fila com os outros passageiros. Estávamos literalmente embarcando no avião quando recebi um e-mail de Morgan Zalkin, uma das produtoras sêniores de *Good Morning America*, pedindo que ligasse para ela. Um e-mail "Você pode ligar para mim?" de qualquer um de meus chefes em *Good Morning America* não é um convite casual para uma conversa, então eu e meus filhos saímos da fila, e liguei imediatamente para Morgan.

"Jen", disse ela, "estamos pensando se você se sentiria à vontade para falar sobre o suicídio de Kate Spade no programa de amanhã".

Isso me pegou completamente de guarda baixa. Respirei fundo e disse que falaria com Alex e Chloe antes de responder. Somos uma equipe, isso era muito pessoal e qualquer decisão que afete nós três é *tomada* em conjunto.

— Se eles concordarem, o único modo que concordaria em falar sobre esse assunto é não me colocando no papel de Correspondente Médica Chefe da *ABC*. Não posso sentar lá de frente para a câmera e fingir que essa é só uma outra história do noticiário para mim. Teria de falar como alguém cuja família foi afetada pelo suicídio.

— Com certeza. E não tem pressão, Jen. Nós entenderemos tudo que você e seus filhos decidirem.

Prometi mandar um e-mail com minha resposta quando estivesse no avião. Nós desligamos e expliquei rapidamente a situação para meus filhos.

— Não tenho de fazer isso — garanti a eles.

— Sim, você tem — disse Chloe.

— Mamãe, você deve com certeza fazer isso — disse Alex.

Eles não estavam só me animando, foram enfáticos em relação a isso e me surpreenderam um pouco. Peguei o telefone de novo e mandei uma mensagem de texto com a resposta para Barbara Fedida. Ela estava em uma reunião, mas respondeu na hora. "O que você quiser, do jeito que se sentir bem", disse ela. "Mesmo se você disser sim e mudar de ideia no meio da noite, tudo vai ficar bem. Sua voz é muito poderosa, e acho que se for algo que você quiser fazer, isso pode ajudar muita gente."

Pela milionésima vez, pensei que somos realmente uma família na *abc News*. Quantos outros empregadores seriam tão sensíveis e compreensivos ao falar comigo a respeito dessa história. Fiquei muito agradecida.

Por um lado, era um pouco como se me perguntassem se me importava de ficar nua na TV ao vivo na manhã seguinte. Tinha sido doloroso o bastante para mim e meus filhos passarmos em particular por um ano e quatro meses de luto, culpa, responsabilização e vergonha. Mas para mim, uma médica, a correspondente médica chefe de uma grande rede e especialista em saúde feminina, o pensamento de me expor a milhões de pessoas, como alguém que foi completamente pega de surpresa pelo suicídio do pai de meus filhos e pelo impacto desse suicídio em nós, era simplesmente aterrorizante. Estou preocupada com a possibilidade de as pessoas pensarem: "Ai, meu Deus, ela é *médica*, pelo amor de Deus. Como deixou isso passar? Ela não viu os sinais?" Ou "Ela devia ser horrível para que o ex-marido tenha se matado". Racionalmente, sabia que esses medos eram ridículos. Não havia sinais, infelizmente, e nunca culparia ninguém pelo suicídio de outra pessoa. Mas se todos se sentissem desse modo, não existiria esse estigma cruel, não é?

Por outro lado, estive lendo algumas coisas naquele um ano e quatro meses. Segundo um artigo chamado "Suicide and Life-Threatening Behavior", publicado pela *American Association of Suicidology*, existem mais de 44.000 suicídios nos Estados Unidos todos os anos, e a associação estima que 135 pessoas sejam afetadas em cada um desses suicídios, ou seja, aproximadamente 5,5 milhões de moradores nos Estados Unidos são expostos ao suicídio em um dado período de 12 meses, 5,5 milhões de pessoas por ano, uma vasta comunidade de sobreviventes a suicidas tentando passar pelo luto, a responsabilização, a culpa, a raiva, os e-se e aquela vaga nuvem escura de ser estigmatizado por causa do que meus filhos e eu passamos também. Se continuasse me escondendo e ficasse em silêncio, isso não seria igual a dar as costas a uma chance de ajudar algumas dessas pessoas e participar do mesmo estigma que Alex, Chloe e eu achamos tão ofensivo e injusto?

Mandei um e-mail para Morgan Zalkin enquanto estava no avião e disse sim. Depois, troquei alguns e-mails com a Dra. Simring, deixando-a a par do que estava acontecendo e contando algumas ideias sobre o que pensava em dizer. Falar do coração seria o mais natural. Eu só queria ter certeza de não dizer algo que, involuntariamente, magoasse ou perturbasse alguém. Fiquei um pouco mais calma quando ela ouviu os meus comentários e disse: "Perfeito".

Ai, meu Deus. Eu ia fazer isso. Eu ia fazer algo que nunca tinha imaginado e aparecer como uma sobrevivente a um suicida em rede nacional de televisão.

Nos registramos em nosso hotel em West Hollywood e saímos para jantar. Até esse momento, estava paralisada. Não conseguia imaginar como juntaria coragem para me abrir sobre o efeito do suicídio de Rob em nossa família na frente de milhões de pessoas. Eu sabia que ainda podia dizer não, mas as engrenagens já tinham sido colocadas em movimento, e faltavam menos de 12 horas até o momento de entrar no ar. Minha família de *Good Morning America* contava comigo. Alex e Chloe pensavam que era importante, e não suportava a ideia de decepcioná-los. E as palavras de Barbara Fedida continuaram ecoando na minha cabeça: "Isso poderia ajudar muitas pessoas". Mas não ajudaria ninguém se decidisse dizer não.

Fazia um bom tempo desde a última vez em que nós três nos sentamos juntos para uma refeição tranquila, sem muitas distrações, e conversamos durante todo o jantar. Pobre Kate Spade. Quanta dor devia ter sentido. Seu pobre marido era um pai solitário agora e, ai, meu Deus, sua filha tinha só 13 anos. Não precisávamos imaginar o que eles e todas as pessoas próximas da família estavam passando. Nós sabíamos. Nós sabíamos de cor. Não fazia nem 24 horas desde que o mundo deles tinha se desintegrado. Era inacreditável que já fizesse quase um ano e quatro meses para nós. Parecia cinco minutos atrás e uma vida inteira.

Ainda tínhamos um longo caminho a percorrer, mas chegamos tão longe desde o suicídio de Rob. Nossa vida era tão diferente agora. Nós éramos tão diferentes, um estudo em contraste de muitas maneiras – muito mais fortes, mas também mais frágeis e fragmentados; mais empáticos e compassivos, mas menos tolerantes com dramas, mesquinharias e besteira; apreciamos mais a vida, mas não confiamos nela, porque, em um piscar de olhos, assim, alguém que amamos poderia desaparecer. Nós começamos a trocar mensagens de texto todas as noites antes de irmos dormir, só para dizer "eu te amo", no caso de acontecer algo que não imaginávamos e não termos a chance de dizer isso novamente. Em vez de perder tempo revendo um passado que não podemos mudar e nos preocupando com o futuro, que ainda não aconteceu, descobrimos que cada um de nós começou a viver no momento, pelo momento, e aproveitando ao máximo o agora, porque o presente é realmente tudo o que temos. Eu também notei uma mudança gradual no meu relacionamento com minhas pacientes. Desde que comecei a atender em consultório particular, perguntavava naturalmente às pacientes sobre seu histórico completo de saúde durante nossa consulta inicial. Na lista de perguntas, em algum lugar entre "Você tem asma?" e "Existe algum histórico de câncer em sua família?" eu sempre incluí: "Você tem problemas com depressão, ansiedade ou outros problemas psicológicos?". Ainda fico chocada com o número de pacientes novas que dizem: "Um médico nunca me perguntou isso antes". Como isso é possível? E porquê?

Essas perguntas costumavam levá-las a me confidenciar algumas questões profundamente pessoais que estavam acontecendo em suas vidas. Eu ouvia, me importava muito e dava os conselhos que pudesse sem ultrapassar a linha para a psicologia e psiquiatria, nenhuma das quais sou qualificada para praticar.

O que nunca fiz, mas comecei a fazer gradualmente nos últimos meses sem pensar nisso, foi responder com questões pessoais relevantes que estava tendo, para que elas soubessem que não estava apenas ouvindo, e que me identificava com isso. Ainda não pretendia comprometer a privacidade de Rob, ou dar detalhes pessoais sobre o nosso casamento ou sobre nossos filhos, nem meus detalhes pessoais. Mas só admitir que tinha problemas era algo novo para mim e também para elas; e na verdade, não pareciam desapontadas por eu não ser realmente perfeita, nem estar no controle 24 horas por dia. Eu acabei descobrindo que quanto mais me abria para elas, mais elas se abriam para mim; e quanto mais as pacientes se abriam para mim, mais era capaz de ajudá-las com suas preocupações com a saúde e mais eu aprendia.

A primeira vez que me lembro claramente de isso ter acontecido foi com uma das minhas pacientes de longa data, provavelmente um pouco mais de um ano após o suicídio de Rob. Estávamos terminando sua consulta uma manhã quando ela perguntou: "Como você está? Como estão seus filhos?" Você sabe como algumas pessoas perguntam isso e estão apenas sendo educadas e esperam uma resposta de uma só palavra, mas outras pessoas realmente querem saber? Ela realmente queria saber.

Normalmente, eu teria dito algo como "Muito bem, obrigada" e deixaria assim. Mas essa mulher tem dois filhos e seu marido morreu na queda das Torres Gêmeas no atentado de 11 de setembro. Ela passou por sua própria versão do inferno. Se não pudesse se relacionar com minha história, ninguém mais poderia. Então, em vez disso, me ouvi dizendo: "No papel, meus filhos e eu estamos bem. Eu só estou com dificuldades com os medos de ser uma mãe sozinha. Não consigo suportar a ideia de algo acontecer comigo e deixá-los aqui sozinhos, sem pai nem mãe".

E sabe de uma coisa? Ela não retrucou: "Você está com dificuldades? Quer dizer, você não é perfeita? Bom, vou procurar outro médico". Ela só abriu um sorriso muito gentil e compassivo e disse: "Ninguém realmente entende como é se não for viúvo. Não importa a idade dos seus filhos, você nunca deixa de ser a mãe deles e, quando o outro pai se vai, fica só você. Muita pressão e medo vem junto com isso".

Foi um momento tão reconfortante para nós duas, acho. Sei que significou muito para mim ela realmente ter entendido, e eu ter sido capaz de fazer o mesmo por ela. Ser humano por um minuto ou dois é muito melhor do que ser perfeito, com certeza. O mesmo tipo de coisa começou a acontecer com outras pacientes, de vez em quando, e juro que isso me tornou uma médica melhor, mais sensível e mais empática.

Melhor também se tornou uma palavra-chave para Alex e Chloe enquanto conversávamos naquela noite. Eles sempre tinham sido bons alunos, mas no ano passado eles se destacaram, obtendo as melhores notas de suas vidas. Na verdade, os dois comentaram que, em muitos aspectos, a vida deles era melhor e que *eles* eram melhores do que já tinham sido – não porque o pai tivesse morrido, mas porque ele fora o pai deles. Eles o amavam, e amavam saber que Rob os amava e se orgulhava deles. E não começariam a decepcioná-lo agora. Só queriam que ele estivesse aqui para ver como seus esforços estavam dando resultados.

Admitiam que estavam ainda em conflito sobre como agir socialmente por meio da irrevogável realidade de que o pai se matara quando eles encontravam novas pessoas. Deviam contar bem no começo que há um elefante amplamente conhecido na sala e acabar logo com isso? Ou eles deviam se conhecer primeiro e depois contar a eles, de modo a serem definidos por algo mais do que o fato de que houve um suicídio na família?

Meu coração se partiu ao ouvir meus filhos casualmente discutindo como lidar com uma das inúmeras repercussões de uma tragédia com que tiveram de enfrentar sem ter responsabilidade própria, e me senti orgulhosa por eles estarem se tornando esses incríveis adultos reflexivos. Pensei de novo na filha de Kate Spade, e sofri por ela, e rezei por ela. Só tinha 13 anos. Devia estar pensando em amigos, escola, roupas, paixões e sonhos. Não isso. Não em uma vida sem a mãe. Não perguntando: "Por que eu não fui o suficiente?" Não, de repente se sentindo diferente por causa de uma decisão fatal que não teve nada a ver com ela, ou se perguntando como em breve teria de contar às pessoas o que aconteceu com sua mãe.

"Por favor, Deus", pensei enquanto dormia naquela noite, "deixe-me dizer algo no ar amanhã que a ajude, e também ajude a todos os outros que sobreviveram a um suicida e estão passando por esse pesadelo, e assim, pelo menos saberão que não estão sozinhos."

Good Morning America vai ao ar às 7h da manhã na Costa Leste dos Estados Unidos. Isso significa que tenho de estar pronta para as câmeras às 4h na Costa Oeste. Me levantei às 2h da manhã para encontrar o carro que viria me buscar no hotel em West Hollywood para me levar para o escritório da *ABC*, em Glendale, a uma boa distância. Isso me deu tempo para verificar as últimas atualizações na história de Kate Spade.

De acordo com os artigos que li, ela se enforcou com um cachecol em seu apartamento em Manhattan e foi encontrada pela governanta, que ligou para a polícia às 10h10. O marido dela, Andrew, havia saído de casa com a filha semanas antes, e a constante batalha que ela travava com a depressão tinha sido exacerbada pelo fato de que Andrew queria terminar o casamento de 24 anos deles. Ela deixou uma nota para a filha, Frances, dizendo: "Isso não tem nada a ver com você. Não se sinta culpada. Pergunte ao seu pai".

Ai, Deus. Isso foi além de partir meu coração, e me tocou muito de perto. Eu não só imaginei toda a dolorosa sequência de eventos, mas a revivi – a polícia dando a notícia para o cônjuge sobrevivente, o pai sobrevivente dando a notícia para a filha, os telefonemas, o apartamento lotado com amigos e familiares, as flores, a comida, a imprensa, os cruéis comentários na internet tirando conclusões "óbvias" sobre uma vida, um casamento e uma morte dos quais não sabiam nada, a confusão e o desespero inexprimíveis, surreais e desorientadores.

Entraria no ar em pouco mais de uma hora, com a marca vermelha no peito e tudo mais, para dizer, pela primeira vez, para milhões de pessoas: "Eu estou aqui para falar sobre o trágico suicídio de Kate Spade, porque os meus filhos e eu também passamos por um suicídio". Como eu poderia fazer isso? Como não poderia?

O escritório de notícias estava quase deserto naquela hora, mas minha maquiadora, Veronica, e a cabeleireira, Linda, já estavam lá esperando por mim. Tenho trabalhado com essas duas mulheres talentosas há muitos anos quando estou em Los Angeles, e era tão reconfortante abraçar duas amigas com quem sabia que podia contar para fazer o que chamo de uma "transformação milagrosa" em mim, enquanto eu tentava me preparar para o mais duro segmento de *Good Morning America* da minha vida.

Me sentia cada vez mais emotiva enquanto estava sentada na cadeira de maquiagem. Meu peito estava se apertando. Meu coração estava acelerado. Estava começando a me perguntar se tinha cometido um grande erro ao concordar com isso quando meu telefone sinalizou um e-mail.

Era da produtora executiva de *Good Morning America*, Roxanna Sherwood, uma bela mensagem me agradecendo por estar disposta a falar sobre um assunto tão pessoal e doloroso. "Você é uma guerreira, trazendo uma voz para tantas pessoas que estão escondidas na escuridão", disse ela. Depois, garantiu que, se em algum momento durante a entrevista, algo não parecesse certo para mim, eles estariam assistindo, seguiriam a minha dica e me tirariam do ar. "O que você quiser, o que você precisar".

Em outras palavras, lembraram-me que ela e o resto da equipe na sala de controle me conheciam tão bem, que, ao primeiro sinal de que eu estava começando a despencar, tirariam a câmera de mim e acabariam a entrevista.

Não precisava mais ficar pensando se tinha cometido um erro. Ainda estava petrificada, mas todas essas pessoas maravilhosas estavam me apoiando. Depois, chegou uma mensagem de outro produtor sênior, um homem que chamo de "meu marido do trabalho", Alberto Orso. "É incrível o que você está fazendo. Enviando abraços e força." Isso me trouxe lágrimas aos olhos. Imediatamente mandei uma mensagem de volta: "Obrigada. Só não quero que eu ou nós sejamos atacados novamente".

A resposta dele foi: "Isso não vai acontecer de jeito nenhum." Foi algo gentil e de muito apoio. Ingênuo, pensei, mas gentil e de apoio.

A maioria dos segmentos do *Good Morning America* é muito bem produzida. Nós temos entre noventa segundos e dois minutos para transmitir tanta informação quanto possível, e avisamos todos antecipadamente que pontos queremos abordar. O segmento de Kate Spade foi muito diferente. Ele foi frouxamente produzido. Não tinha estabelecido nenhum ponto antes da hora. Meu parceiro de segmento foi George Stephanopoulos. Tínhamos estado lado a lado, diante das câmeras, para dar incontáveis últimas notícias no decorrer dos anos, incluindo o terrível tiroteio na boate Pulse em Orlando. Em um nível muito menor, é um pouco como compartilhar uma trincheira. Nós nos conhecemos, confiamos um no outro e nos respeitamos mutuamente, e eu sabia que estava em ótimas mãos com ele. Sua produtora, Kirstyn Crawford, me mandou um e-mail antes de entrarmos no ar para dizer que George sabia bem como isso seria muito difícil para mim e queria saber se havia qualquer pedido de última hora, qualquer coisa que quisesse abordar ou evitar especificamente.

Não tinha nada assim. Estava indo só para falar do coração e aceitar que havia uma chance razoavelmente grande de que minha mente desse um branco no meio da entrevista, e explodisse em lágrimas.

Normalmente, quando faço um segmento remoto em Los Angeles, me sento na minha cadeira do cenário, Veronica e Linda dão uma última olhada no meu cabelo e maquiagem e desaparecem, a sala de controle de Nova York assume, e fico sentada ali sozinha na frente de uma tela.

Naquela manhã, me sentei no cenário, Veronica e Linda deram uma última olhada, e depois ficaram ali mesmo, fora da câmera, a apenas alguns centímetros de mim. Uma das nossas produtoras em Los Angeles se juntou a elas, e podia ver as três com minha visão periférica, dizendo em silêncio: "Nós estamos bem aqui e apoiamos você".

Logo depois, recebi minha dica, e lá estava George na tela, olhando para mim, fazendo contato visual familiar e reconfortante antes de começar a falar:

— A morte de Kate Spade lançou uma luz sobre a difícil questão do suicídio, e nós vamos continuar essa conversa com nossa Correspondente Médica Chefe, Dra. Jen Ashton. E Jen, eu sei que este assunto atingiu sua família no ano passado, algo que você nunca falou antes no ar, e que foi o suicídio do seu ex-marido.

Era a minha dica para responder. Me sentia como se estivesse prestes a saltar de um penhasco.

— Certo, George – disse eu —, e você sabe, há muitas coisas de que podemos falar em termos de prevenção, de como o suicídio é um assunto complexo e de como nós ainda não entendemos muito a respeito disso. Há, é claro, recuperação e tratamento para a pessoa que está sofrendo, mas realmente queria ajudar as pessoas a entenderem a segunda tragédia que acontece com a família que continua a viver, e estou pensando não só, obviamente, no marido e na filha adolescente de Kate Spade, mas nas pessoas que são afetadas pelo suicídio de alguém e são realmente os sobreviventes.

Sinto-me constrangida em dizer, George, que quando aconteceu na minha família, como médica, não sabia muito sobre isso, apesar do fato de isso ter afetado três dos meus amigos muito próximos. Vinte anos atrás, eu não conhecia ninguém que tivesse sido afetado pelo suicídio de alguém, e agora essa lista está crescendo tristemente.

Isso nos arrasou. Isso me abalou muito; meus filhos tinham 16 e 18 anos na época, e eu estava totalmente despreparada para o trauma físico e emocional que vem depois disso.

— Eu só posso imaginar como foi difícil, não apenas para você, mas também para os seus filhos –, George interrompeu. — Eu entendo que eles aprovaram sua decisão de vir falar sobre isso. Como vocês enfrentaram isso juntos?

— Eles se saíram muito bem, George, e estou muito orgulhosa por eles. Você sabe, a primeira coisa foi que 24 horas depois estávamos todos sentados no consultório da nossa terapeuta em uma tarde de domingo. Nós todos fizemos terapia, tanto individual como em família, e ainda continuamos a fazer isso. Eu disse aos meus filhos: "Isso será parte do resto de nossa vida", porque tem muita vergonha, culpa e raiva que afetam as pessoas que sobrevivem a um suicida e são impactadas por isso, e nós não queríamos que isso se transformasse em uma tragédia secundária para nós.

Todo o meu foco ao ser afetada por essa tragédia foi me manter junto dos meus filhos. Eu certamente não esperava ser uma mãe solo para o resto da minha vida, e como qualquer pai que está lidando com uma crise sabe, seus filhos olham para você quando estão com problemas. Então, esse foi, e é, meu foco principal.

— E quando você pensa sobre as lições que vêm disso, lições duras e difíceis – disse George —, uma das mais importantes é a desestigmatização das doenças mentais.

— É tão importante, George. Eu sempre digo: "Não devemos pensar nisso de forma diferente de doenças cardíacas ou câncer". E a doença mental não discrimina. Meu ex-marido era um médico. Eu sou médica.

Para nós, foi algo repentino. Às vezes, há sinais de alerta. Mas isso afeta *todo mundo*, e haver essa desestigmatização é fundamental, de modo que nós possamos ter consciência disso e não só quando afetar uma celebridade, e sermos mais proativos do que reativos. E, às vezes, com a doença mental, como ela não pode ser vista, as pessoas acham que não é tão grave. Mas essa não é uma escolha, isso é real, e quanto mais pudermos lidar com isso, melhor será e mais vidas serão salvas.

As próximas palavras de George foram como se ele tivesse passado através da tela e me abraçasse.

— E eu só posso acreditar que você compartilhar sua história hoje vai ajudar nesse esforço para desestigmatizar completamente a doença mental e o suicídio. Jen, muito obrigado por compartilhar isso conosco.

E aí, de repente, tinha acabado. Três minutos mais ou menos que pareceram uma hora. Assim que a câmera desligou, abracei e agradeci as três mulheres corajosas da minha equipe de apoio moral, que tinham ficado ali o tempo todo. Eu tinha conseguido, tinha saído do esconderijo e dito o que tinha a dizer, e tinha feito isso sem cair aos pedaços. Estava chorando de alívio e de exaustão quando saí do estúdio e entrei no carro.

Meu celular já estava explodindo com mensagens de texto e e-mails. Estava tão preparada para ser atacada que quase tive medo de olhar. Mas quando o fiz, fiquei completamente confusa: "… porque ela podia falar da sua experiência de vida para ajudar os outros, ela foi lá hoje. Com graça, dignidade e franqueza. Obrigado!"

"Uma conversa tão importante... tão incrivelmente corajosa da Dra. Ashton ao compartilhar a história de sua família esta manhã."

"Muito respeito à Dra. J. Ashton. A batalha para desestigmatizar o suicídio continua. E não vamos só pensar nisso quando acontece com uma celebridade."

"Só queria agradecer por continuar a conversa sobre suicídio. A maioria das pessoas não entende o profundo impacto que a doença mental tem na família e na sociedade como um todo."

"Obrigada por suas palavras hoje no *Good Morning America*. Chegou ao meu coração. Por favor, escreva um livro sobre sua experiência como uma "sobrevivente" a um suicida. A única coisa que me mantém viva é saber a quantidade de dor que eu causaria."

Eles continuaram, às centenas. Fiquei impressionada: nem mesmo um único texto ou e-mail, nem mesmo um post de mídia social, foi negativo. Cada um deles foi compassivo e grato; e fiquei surpresa por tantas vidas terem sido profundamente afetadas pelo suicídio, por tantas pessoas terem passado e sobrevivido exatamente ao mesmo "pesadelo complicado", como a Dra. Simring dizia, misturado com raiva, culpa e vergonha que minha família conhecia muito bem.

Meus filhos estavam acordados quando voltei para o hotel, e tão emocionados quanto eu enquanto as respostas continuavam chegando. Tinha meu compromisso daquela tarde para me concentrar; mas naquela noite no avião continuamos a passar pela crescente avalanche de e-mails, textos e comentários nas mídias sociais. Ainda não havia um único comentário negativo. Nenhum.

"Mamãe", Alex e Chloe ficavam dizendo, "você tem que fazer mais. Você tem que falar sobre a nossa experiência e ajudar a todas essas pessoas que não têm voz. Elas precisam de você".

Meus filhos conhecem a mãe deles. A mãe médica que está nesta terra para curar. Sabiam exatamente o que efeito as palavras: *eles precisam de você* teriam sobre mim, especialmente vindo deles.

E então, na sexta-feira, 8 de junho, três dias depois do suicídio de Kate Spade, outro suicídio de celebridade atingiu os noticiários como uma bomba. O carismático chef, autor, e personalidade de TV premiado com um *Emmy*, Anthony Bourdain, foi encontrado pendurado pelo cinto de seu roupão no quarto de hotel em Estrasburgo, França. Foi uma perda impressionante que ressoou em todo o mundo, agravada pela realidade incompreensível de dois suicídios de celebridades na mesma semana.

Parecia uma epidemia de uma doença indiscriminada, irremediavelmente fatal, e impossível de diagnosticar. As chamadas para linhas diretas de prevenção do suicídio aumentaram em 25%, imediatamente após a morte de Anthony Bourdain. Era uma boa notícia tantas pessoas vulneráveis terem buscado ajuda. No entanto, era uma notícia horrível tantas pessoas estarem se sentindo tão vulneráveis ao suicídio.

A imprensa – só fazendo seu trabalho, é claro – raramente publicava uma matéria sobre a morte de Anthony Bourdain sem mencionar sua namorada, Asia Argento. E, claro, o marido de Kate Spade,

Andrew, foi discutido em todos os artigos sobre ela. Não conseguia nem mesmo olhar para os comentários da mídia social sobre qualquer um deles. Me sentia como se já tivesse lido esses comentários quando Rob se matou, e os comentários eram a meu respeito. A natureza abomina o vácuo, afinal. Quando há perguntas, tem de haver respostas; e se não há nenhuma resposta a ser encontrada, é da natureza humana preencher os espaços em branco, em vez de dizer um simples e preciso "Eu não sei". Rob estava morto, e não deveria estar, então isso deve ser culpa da pessoa mais próxima a ele, ou seja, eu. Kate Spade? "Obviamente" Andrew. Anthony Bourdain? "Obviamente" Asia. Eu sofria por ambos.

Também não pude deixar de olhar para o calendário todos os dias ou dois e pensar: "É o dia 4 para Andrew e Frances Spade. Lembro-me do dia 4. É o dia 2 para Asia Argento e a família de Anthony Bourdain e sua filha de 11 anos, Ariane. Ai, Deus, é o dia 2".

De acordo com uma organização de prevenção ao suicídio chamada SAVE, a taxa de suicídio está aumentando. É a segunda maior causa de morte no mundo para jovens entre 15 e 20 anos. Uma em 100.000 crianças de 10 a 14 anos morre por suicídio a cada ano. Os jovens LGBTQIA+ são três vezes mais propensos a tentar o suicídio em algum momento de suas vidas. A causa número um de suicídio é a depressão não tratada, e 80% a 90% das pessoas que procuram tratamento para depressão são tratadas com sucesso com terapia e/ou medicação.

Li essas estatísticas várias vezes e pensei nas centenas de pessoas que tinham se exposto para mim depois da minha entrevista em *Good Morning America* quando, finalmente, parei de me esconder e falei como uma sobrevivente a um suicida para a enorme comunidade que vivia com o coração partido. Precisava fazer mais. Tinha de fazer mais. Era hora de parar de falar com aquela comunidade e realmente me tornar *parte* dessa comunidade, uma parte ativa.

E assim, depois de uma longa conversa com Alex e Chloe, que estavam tão animados com a possibilidade de fazer mais para outros sobreviventes a suicidas quanto eu estava, e prontos e ansiosos para ajudar, me sentei e comecei a escrever este livro.

EPÍLOGO

EM AGOSTO DE 2018, FUI CONVIDADA A FLÓRIDA PARA PARTICIPAR de uma conferência da Disney sobre Felicidade, na qual encontrei uma colega, uma mulher notável chamada Monisha Chandanani[10]. Ela é uma *coach* intuitiva de liderança que trabalhou com milhares de clientes em todo o mundo, entre eles muitos líderes corporativos bem-sucedidos, orientando seus clientes para vidas cheias de "propósito, poder, diversão e impacto global positivo". Como uma médica e pensadora com base na ciência, gosto de interagir com pessoas que pensam de maneira diferente de mim. Monisha é uma dessas pessoas. Acho fascinante a espiritualidade dela. Pode não ser totalmente a minha área, mas é um mundo sobre o qual admito conhecer pouco, e me sinto intrigada por ele.

Por pura sorte, Monisha e eu nos encontramos em uma conversa particular e pessoal entre eventos, e ela me contou uma versão resumida – um livro condensado do *Readers Digest*, por assim dizer – da jornada que a levou ao trabalho de capacitação que está fazendo agora. Enquanto estava conversando com ela, tomei uma decisão consciente de suspender temporariamente minha perspectiva de médica e cientista e apenas seguir com ela por algum tempo. Queria ouvir as teorias e as suas experiências e esperava que dessem algum equilíbrio ao meu cérebro médico acostumado ao mundo de dados-revistos-por-pares. Foi muito bom ter feito isso, pois ela compartilhou muitas informações interessantes.

De certa forma, sua jornada teve início há 15 anos, com um suicídio.

---

10 Monisha Chandanani é uma *coach*, para mais informações sobre seus ensinamentos acesse o site: http://seelovechoose.com.

Monisha tinha 23 anos quando perdeu três amigas próximas, uma após a outra, todas com menos de 25. Uma morreu de meningite. Outra morreu em um acidente de carro. A terceira, uma amiga de infância desde que elas tinham dez anos, tirou a própria vida. Se lembra de colocar o mesmo vestido preto três vezes, para ir a três funerais em seis semanas, e de sentir-se como se o mundo estivesse virado de ponta-cabeça e nada mais fizesse sentido.

Um mês antes desse trio de perdas, Monisha tinha viajado pelo Panamá, quando uma viagem tranquila e relaxante a algumas fontes de águas termais remotas acabou se revelando uma experiência sutil e muito transformadora. Uma chuva fraca caía quando ela se acomodou na primeira fonte. Vários minutos depois, se mudou para a segunda fonte, mais quente do que a primeira e, quando fez isso, começou a chover mais forte. Ela sorriu ao notar o belo equilíbrio que a natureza proporcionava entre a água morna da nascente e a água fria da chuva, aparentemente só para ela. Quando passou para a terceira fonte, ainda mais quente, a chuva se intensificou, mantendo o equilíbrio. Finalmente, quando parou de chover, foi pôr os pés na água de um rio próximo. Se recostou nas pedras, e o sol surgiu, aquecendo a superfície das enormes pedras, mais uma vez criando um equilíbrio perfeito com a água fria do rio.

Era tudo sutil e poderia facilmente ter escapado à sua atenção se ela não estivesse prestando atenção. Mas ela sempre tinha sido muito introspectiva e muito consciente; e enquanto processava esse aparente balé entre ela, a terra e o céu, sentiu um ressonante "saber" que a natureza estava de fato criando essa dança divertida de correntes quentes e frias para ela. Nesse momento, sentiu uma profunda "lembrança" de que há algo muito maior e mais poderoso do que nossos cinco sentidos percebem, que não estamos separados de algo maior e que somos feitos desse mesmo material. Ela tinha recebido uma afirmação naquele dia, e percebeu que, ao pararmos para prestar atenção, podemos nos conectar a essa fonte de vida, que está sempre presente e, ainda mais importante, que essa fonte é bondosa e quer o melhor para nós.

Esse despertar, essa semente de fé que ela sentiu crescendo dentro de si, preparou-a para o maior e mais intenso despertar que aconteceu quando suas três amigas faleceram. A intensa cascata de tristeza que sentiu ao perder as amigas "abriu-a" para o mundo espiritual, para uma consciência mais elevada e criou uma conexão profunda com o que está além deste plano de existência. Assim como "soube" nas fontes termais que algo maior estava orquestrando sua experiência, aqui também teve o mesmo sentimento, o mesmo conhecimento, a mesma lembrança. Apesar de sua intensa tristeza, sentiu-se como se estivesse cercada por uma bolha protetora de amor e se perguntou como tinha vivido sem ter consciência dessa corda de segurança de conexão com essa fonte que dá vida a todos nós. O véu da separação havia se erguido, e a vida jamais seria a mesma.

Ela começou a ter experiências sobrenaturais ocasionais, como ver o espírito de uma amiga, separado do corpo dela. Encontrava pequenas penas brancas, como penas de asas de anjos, na bolsa ou no bolso e em outros lugares inexplicáveis, e começou a perceber que as pessoas e as coisas em que pensava sempre apareciam em sua vida alguns dias depois. Sabia que precisava começar a dar muita atenção à sua experiência interior porque essa experiência a estava guiando para um novo chamado – indicando o caminho para essa consciência espiritual iluminada para que pudesse ajudar outras pessoas a encontrar o próprio caminho.

Ao longo dos anos seguintes, se tornou uma aplicada estudante de ioga, estudou o cérebro humano, acupuntura, medicina oriental e meditação, fazendo inúmeras perguntas exteriores que a levaram a respostas "em seu interior". E essas respostas têm elevado sua vida e a vida das milhares de pessoas com quem trabalhou ao redor do mundo, tudo por causa do legado que suas três amigas deixaram para ela.

Ela tem visto repetidamente que a morte não é realmente o fim. É uma progressão natural, um renascimento no que está além desta vida, de acordo com uma das leis mais básicas da natureza: a contração leva à expansão. Sem as contrações do parto, não teríamos a expansão da nova vida. Sem contração e expansão, o coração não poderia enviar sangue por todo o corpo. E sem a contração da morte física, nosso espírito não poderia ser libertado para receber o que lhe cabe por direito de nascimento e se expandir para a vida eterna.

Enquanto estamos aqui nesta terra, temos a oportunidade de evoluir para a consciência superior que ilumina nosso caminho; que nos mostra que somos seres inteiros e completos do jeito que somos, com todos os materiais necessários para nos tornarmos melhores, se simplesmente aprendermos como aproveitá-los melhor; e que quanto mais em sintonia estivermos com essa consciência mais elevada, mais do céu podemos experimentar aqui na Terra, neste capítulo de nossas vidas.

O roteiro para a nossa consciência superior é um processo que Monisha chama de "Ver, Amar, Escolher". VER é a prática da plena consciência, enraizada na capacidade de testemunhar nossos pensamentos, sentimentos, ações e vícios emocionais. AMAR é a prática de aceitar e, em última instância, amar tudo que VEMOS, pois quando começamos a aprender honestamente sobre nós mesmos, muitas vezes encontramos coisas de que não gostamos. Nós julgamos a nós mesmos, em vez de aceitar a nossa conformação única, atribuída divinamente, e isso nos impede de acessar os mais elevados estados de consciência que estão disponíveis para nós. Deixar brilhar a luz do amor sobre aquilo que, muitas vezes, é tão difícil de amar em nós mesmos, nossas falhas e defeitos percebidos, muda tudo porque o que costumávamos esconder ou rejeitar a nosso respeito se transforma em um presente, outra coisa para celebrar. E isso nos prepara para a prática de ESCOLHER – criar conscientemente a vida para a qual fomos designados e nos ajudar a cumprir o nosso propósito. Isso vem ao aprender a ouvir a si mesmo, agir com o coração, focalizar a mente e permitir que a fonte benevolente da vida nos indique o caminho. E como estávamos conversando de uma sobrevivente a um suicida para outra, Monisha explicou como usar esse processo nesse contexto:

VER: Você acabou de perder um ente querido para o suicídio. O que você está sentindo? Pesar? Raiva? Medo? Vergonha? Você podia estar em paz com seu ente querido, ou podia haver um conflito entre vocês. Você está carregando sentimentos não resolvidos em relação ao relacionamento com essa pessoa? Você está carregando culpa, achando que "deveria" ter sabido ou feito mais? Quais pensamentos estão passando pela sua mente? Essa pode ser uma experiência muito confusa para aqueles de nós deixados para trás. A prática de *VER* incentiva você a simplesmente estar ciente de sua experiência. Monitore seus pensamentos e sentimentos, sem tentar escondê-los nem os mudar, anotando-os no final de cada dia. É essencial ser honesto consigo mesmo sobre o modo como você está processando a morte de seu ente querido, porque você não pode se curar e seguir em frente com um propósito em sua vida até que possa realmente reconhecer onde está agora.

AMAR: A prática de AMAR tem a ver com aprender a aceitar e amar a si mesmo, do jeito que você é – o bom, o mau, o bonito e o feio. Ao apreciar nossa totalidade, começamos a acessar verdadeiramente nossos dons divinos.

Cultivar uma relação amorosa conosco é um modo poderoso, duradouro e eficaz de conseguir isso. Às vezes, perder um ente querido por suicídio, especialmente se for um parente próximo, revela mais dos lados feios da vida e da morte e, talvez, seus lados mais sombrios. Tudo bem. Você não está sozinho. A prática de VER vai ajudá-lo a identificar seu modo único de processar a sua perda; a prática de AMAR auxilia você a expressar e integrar o que está vivendo, de uma maneira que o leva a um alinhamento mais adequado com a sua totalidade.

Lembre-se de que processamos nossas emoções fisicamente, e a dor que não é sentida nem expressa produz sofrimento. Ao fazer uma simples varredura do corpo em meditação, desde o topo da cabeça até a ponta dos dedos, você pode entrar em sintonia com o lugar para o qual você está levando a dor. Depois de identificar esses lugares no corpo e as emoções que eles estão contendo, o exercício é ir mais fundo em cada um deles, dar-se permissão para sentir completamente tudo o que vem para você. Deixe a emoção se mover através do seu sistema para não carregar o fardo de emoções não processadas. Isso pode parecer uma liberação catártica, momentos de silêncio ou qualquer outra coisa. Seja como for, é perfeito para você. Em seguida, visualize uma luz de cura dourada envolvendo seu corpo, levando amor a esses lugares que estão doendo – e às "falhas" entre você e a pessoa querida que você perdeu e que têm afastado você do verdadeiro amor por si mesmo e do perdão sincero –, e curando os ferimentos. Por meio desse processo, o corpo se torna uma ferramenta para rastrear e cuidar de suas feridas emocionais; para acolher em vez de odiar e esconder, as suas partes que são simplesmente parte de seu *design* único e perfeito; e para resolver em paz as partes do seu ente querido que impediram você de encontrar alegria e poder nas lembranças dele.

ESCOLHER: Agora que VIU e AMOU o seu caminho para a integridade, você está em um espaço limpo e claro para começar a ouvir sua orientação interior. Sua voz intuitiva é poderosa. Quando ela falar, ouça e aja. A comunicação da voz interior vem do coração. Quando focamos a mente na sabedoria do coração, nos encontramos em um lugar extraordinário, vivemos o nosso propósito e aproveitamos o passeio. Você perdeu um ente querido para o suicídio, um evento devastador de que pode levar anos, décadas e vidas para se recuperar. Se for esse o caso, não há problema. E se você escolher, quando estiver pronto, poderá deixar seu coração se abrir novamente e descobrirá que está ainda mais forte e mais expansivo do que era antes.

Uma prática para apoiar isso é reservar alguns momentos a cada manhã, ao acordar, antes de saltar da cama para começar o seu dia, e visualizar algo incrível acontecendo com você, ou com alguém ou algo com que você se importa. Esta prática simples acessa o campo da bondade que existe para todos nós. Lembre-se, aquilo que criou você e tudo que existe quer que você se desenvolva – pode chamá-lo de Deus, o Criador, a Fonte, o Universo, Consciência, todos os nomes são bem-vindos. Quando você ESCOLHE concentrar sua energia desta forma, você está se alinhando com os desejos que a própria Criação tem para você. SIM! Conforme você se conecta, ela responde a você. Em seguida, deixe de lado qualquer expectativa em relação ao que você visualizou, simplesmente aproveite esse momento mentalmente, respire essa alegria em seu corpo e prossiga com o seu dia. Este exercício é projetado para treinar sua mente e corpo para antecipar o bem-estar e prazer em sua vida. Com o tempo, você verá a diferença.

Monisha não criou apenas sua filosofia VER, AMAR, ESCOLHER; ela a vive a cada dia. Poderia facilmente considerar o fato de perder três amigas próximas em seis semanas como a tragédia mais profunda de sua vida. Em vez disso, ela olha para isso como o maior presente que poderia ter recebido, um presente que compartilhou com milhares de pessoas ao redor do mundo por meio de seu trabalho, seu propósito, como uma *coach* de liderança intuitiva. Ela vê essas amigas como anjos – elas vieram, viveram, amaram e aceitaram, e o momento da morte delas foi planejado com perfeição. Elas acenderam um belo caminho para Monisha e para muitas pessoas, e segue cada passo do caminho por causa do serviço delas, um serviço que ela se sente grata e privilegiada por continuar.

Como Monisha, não acredito em coincidências. A encontrei "por acaso" em uma época em que estava tendo dificuldade particularmente em reunir os fragmentos quebrados de mim mesma. Estava esperando que talvez, nesse processo, pudesse eliminar as minhas partes imperfeitas. Aprender a amá-las e aceitá-las nunca tinha me ocorrido como uma opção. Monisha me deu uma ótima analogia:

Digamos que você quebrou um prato. (Não que eu já tenha feito uma coisa dessas, eu só ouvi dizer que isso acontece.) Você precisa desse prato e não tem escolha senão colá-lo de novo; mas tem uma parte dele da qual você nunca gostou, então você decide que talvez essa seja uma boa hora para se livrar dessa parte. Bom, você pode tentar. Obviamente, porém, se você deixar de fora essa parte da qual não gosta, nunca vai acabar com um prato inteiro, e um prato que não esteja inteiro é tão inútil quanto nenhum prato.

Eu imaginei com facilidade, e isso fez sentido para mim. Ainda tenho trabalho pela frente com a minha versão pessoal de me reconstruir, mas estou chegando lá, com defeitos e tudo. Percebo claramente que não sou quem costumava ser. O suicídio de Rob terminou com meu mito de perfeição e com minha aversão à vulnerabilidade. O que aprendi sobre a perfeição e a vulnerabilidade é que ao buscar apenas a perfeição, acabamos perdendo muitas oportunidades de crescimento, muita vida real e muita comunidade. É como ver alguém apenas quando está usando maquiagem. Você nunca chega a conhecer e apreciar a pessoa ao natural.

Também aprendi que ao aceitar meus defeitos e vulnerabilidade, me tornei mais compreensiva em relação aos defeitos e à vulnerabilidade em outras pessoas. E ao viver a dor e o sofrimento e a tristeza, sou ainda mais grata pela felicidade e alegria na vida.

E já tinha começado a SENTIR esse processo, mas falar com Monisha me deixou consciente e me ajudou a articular que havia realmente colado as partes feias do prato no lugar. Agora, em vez de querer jogá-las fora, eu as aceitei. Agora, a fim de me deixar inteira, não tenho escolha a não ser incluir todas as partes imperfeitas. Eu percebi isso como estar mais sensível e vulnerável, mas Monisha deu um contexto um pouco mais positivo – passei pela parte de AMAR sem perceber. Não estava mais tentando ocultar todas aquelas partes feias e imperfeitas. Eu precisava aceitá-las e usá-las para ser funcional e inteira de novo.

A tristeza, a perda e o pesar sempre estarão ali. São parte das peças quebradas que colei novamente. Eu os vejo ali. Estou aprendendo a amar essas partes porque merecem estar ali e estou escolhendo como ir em frente com elas como uma parte de mim. VER, AMAR, ESCOLHER. Na verdade, quando a Dra. Simring e eu começamos a explorar minhas questões de vulnerabilidade, ela foi sábia o bastante para indicar algo em que eu nunca teria reparado sozinha. Ela havia passado muito tempo com Rob quando estávamos fazendo terapia de casal juntos e conhecia muito bem o homem que preferia manter sua vida o mais superficial possível, que não estava realmente brincando quando disse: "Tudo o que preciso para ser feliz são meus livros e meus cães". Então, fiquei realmente tocada quando ela disse durante uma de minhas primeiras sessões de "reconstrução": "Aliás, uma razão de Rob ter se matado é que ele nunca se sentiu à vontade para encarar sua própria vulnerabilidade".

Certo. Entendi. Não precisa dizer mais nada. A vulnerabilidade pode ser muito mais saudável do que a alternativa. Fraquezas? Entre para o clube. Não há por que se envergonhar de imperfeições. VER, AMAR, ESCOLHER. Na verdade, vá em frente e diga, em voz alta se preferir: "Eu entendo que não sou perfeita, que não posso ser perfeita e que está tudo bem porque tem de ser assim".

Uma das minhas maiores imperfeições que vou admitir, e sempre posso lutar com isso em um nível puramente irracional e emocional, é que sinto que falhei como mãe por não ter conseguido cumprir a responsabilidade mais fundamental de toda mãe: proteger os filhos da dor. Quando o pai deles se suicidou, não pude protegê-los do imenso luto e de toda a responsabilização, vergonha, raiva e culpa que veio com isso. Teria assumido tudo isso sozinha, se pudesse, mas obviamente isso não foi possível. Não pude deixar tudo bem. Não pude consertar as coisas. E ainda não posso, especialmente naqueles dias e eventos importantes em que Rob não estará presente. Duvido que consiga me livrar completamente desses momentos ocasionais de tristeza por não poder protegê-los quando mais precisarem de mim.

Eu continuo tentando lembrar algo que uma paciente minha, uma mulher de 75 anos, com doutorado em educação, me disse logo depois da morte de Rob: "A vida não tem a ver com evitar a dor. A vida tem a ver com sentir a dor, processá-la, aprender com ela e continuar a viver com ela".

Isso é verdade, é claro. Logicamente, sei que meus filhos não têm como viver sem sentir dor e sei que não posso protegê-los da dor, e que eles não esperam isso de mim. Na verdade, Alex e eu tivemos uma conversa há algumas noites sobre as expectativas deles. Ele e Chloe tinham falado como sentiam falta do pai e das conexões únicas e insubstituíveis que cada um tinha com ele. E eles sabiam que seria difícil para mim, trabalhando em duas carreiras de período integral, e com as viagens envolvidas, e uma vida pessoal, "e..., e..., e...", sem ninguém para me substituir quando não estou disponível.

"A realidade", disse Alex", é que você não pode fazer as coisas que o papai fazia".

Meu coração ficou pesado. Me senti fisicamente doente e tive de refrear um impulso para abraçá-lo e dizer: "Mas estou tentando de verdade! Se estou fracassando, me diga onde, para que eu possa consertar!"

Ainda bem que mantive a boca fechada e deixei que ele terminasse. "Mas o caso é que não queremos que você faça isso. Porque se você tentar ser mais como o papai, você vai deixar de ser como é".

Meu coração ficou leve de novo. Sempre vou me lembrar disso como uma das coisas mais delicadas que alguém já me disse. Sei que ele e Chloe vão passar por momentos ocasionais de profunda tristeza e solidão em relação ao pai. É claro que isso vai acontecer. E sei que eles falam um com o outro sobre isso e me deixam de fora para não sentir que estão me pressionando, enquanto ainda estou me curando da perda de meu marido de 20 anos e de meu companheiro na criação de filhos.

Garanti a Alex que não existe nada que ele e Chloe não possam falar comigo, sempre que precisarem ou quiserem; e comecei a falar como eles estão indo bem, que vidas brilhantes têm pela frente, como estou orgulhosa deles até que Alex me interrompeu, sorrindo um pouco, inspirado pelos três verões, durante o ensino médio, que passou trabalhando como conselheiro em um acampamento para crianças com necessidades especiais graves.

"Ah, mamãe, sabe, quando Chloe e eu estamos nos sentindo emotivos em relação ao papai, dizer algo racional não é diferente de dizer a uma criança com autismo que está no meio de um ataque de birra: 'Você percebe que sua reação é totalmente inadequada'. Você faria isso?"

Sorri para ele. Quando ele está certo, está certo mesmo. Por mais que acreditasse mesmo em tudo que eu disse a ele sobre ter orgulho dele e da irmã, isso não foi mais útil, em um nível puramente emocional, do que se eu lhe desse um soco carinhoso no braço e dissesse: "Vamos, me dê um sorriso". E como ele é Alex, ele é inteligente o bastante para saber exatamente o que dizer, na hora em que eu preciso ouvir.

Nunca vou deixar de ficar impressionada pela forma como ele continuou a assumir o papel de homem da família para Chloe e para mim. E acima de tudo, faça o que fizer e vá para onde for, sempre será o melhor filho e irmão que tive o privilégio de conhecer, e não duvido nem por um segundo que Rob *está*, não *estaria*, tão orgulhoso de ser pai de Alex Ashton quanto eu.

Foi proposital que Chloe é apenas 17 meses mais nova do que Alex – com a cooperação de Rob, queria recriar com meus filhos o relacionamento próximo que tenho com meu irmão. E isso deu certo. Alex e Chloe não podiam ser mais próximos e cada um é o fã número um do outro (empatados comigo, é óbvio). Ela terminou o ensino médio em Lawrenceville, em junho de 2019, e tem grandes planos. Para dizer o mínimo, Alex e eu estamos empolgadíssimos por ela.

Chloe sempre foi uma excelente aluna, interessada em história, política e redação, com planos de fazer um curso de Direito. Começou a pensar sobre a faculdade há vários meses. Eu fui para Columbia. Meus pais foram para Columbia, e Alex está indo para Columbia. O único membro da família que não foi para Columbia é meu irmão, Evan, que estudou em Princeton. Então, Chloe me pegou de guarda baixa quando anunciou: "Eu quero ir para Harvard".

Deus sabe que ela era qualificada, mas as chances de entrar em Harvard são praticamente as mesmas de ganhar na loteria. Não queria desanimá-la, mas também não queria que ela ficasse decepcionada.

Então, em um esforço de ajustar a expectativa da minha filha, eu respondi: "Você e mais 40 mil pessoas também querem".

Não só queria estudar em Harvard, como queria jogar na primeira divisão de hóquei no gelo em Harvard com a treinadora Katey Stone, a treinadora com mais títulos na história da primeira divisão do hóquei feminino. Mais uma vez, admirava suas elevadas aspirações acadêmicas e atléticas, mas não precisávamos enlouquecer. Ela ia amar Columbia, e eu gostaria de saber que, até ele se formar, Alex estaria lá para ficar de olho nela.

Enquanto isso, Chloe sabia exatamente o que queria e continuou a trabalhar muito, no gelo e fora dele. E, então, um dia no final de agosto de 2018, estava em uma consulta com o meu médico quando Chloe me chamou no FaceTime.

— Mãe, adivinha quem acabou de me ligar?!
— Quem?
— Lee-J! – ela quase gritou no telefone.

Ela não precisava me dizer quem era Lee-J. Eu já sabia e comecei a chorar de alegria – Lee-J Mira – é a técnica assistente do programa de hóquei feminino de Harvard. Parece que ela e outros olheiros de Harvard tinham visto Chloe jogar hóquei durante três anos, e entraram em contato com os técnicos de Lawrenceville e com Paul Vincent, o lendário jogador da NHL aposentado que havia treinado Chloe no seu acampamento de hóquei em Cape Cod.

"Estamos felizes por lhe oferecer uma vaga no time para o ano que vem", disse Lee-J. "O comitê de seleção de Harvard está com o seu formulário, e tudo parece muito bom. Só precisamos marcar sua visita oficial e sua entrevista".

Corri para casa depois da minha consulta, e Chloe estava me esperando. Nós nos abraçamos e ficamos pulando abraçadas até cansar e aí começamos a ligar para todo mundo para dar as notícias. Meu pai nos levou para jantar fora para celebrar e, finalmente, exaustas de tanta empolgação, caímos na minha cama para dormir.

— Nem acredito no que aconteceu hoje – murmurou Chloe.
— Nem eu – murmurei de volta. — Estou tão orgulhosa de você.

Ficamos quietas por um momento antes dela continuar:

— Eu sinto que esqueci de contar a alguém. Eu não disse em voz alta, mas pensei: "Tem mesmo. O seu pai. Mas tudo bem, ele já sabe".

Como parte do processo de seleção para Harvard, escreveu um ensaio em que disse que tinha tomado a decisão de viver de uma maneira que honre o espírito do pai. "Meu mantra se tornou: 'Ser quem ele gostaria que eu fosse'." E é exatamente isso que ela tem feito. Garanto que Rob estava explodindo de orgulho naquela noite.

Algumas semanas depois de passar pela entrevista e pela visita oficial, Chloe recebeu um e-mail do comitê de admissões. Eu estava em uma estação de trem com uma conexão horrível de celular quando ela começou a tentar falar comigo, então ela ligou para Todd, pensando que talvez estivesse com ele. Ironicamente, ele ouviu o e-mail antes de mim: "Prezada Chloe, estou feliz ao dizer que o comitê de admissões votou para que você seja aceita na classe de 2023 de Harvard. Enviamos uma indicação positiva tão cedo apenas para os melhores candidatos".

No outono de 2019, Chloe Ashton começará a estudar em Harvard e a jogar na primeira divisão de hóquei no gelo com a treinadora Katey Stone. Chorei a noite inteira depois daquele primeiro telefonema e ainda choro quando penso nisso: minha garotinha não só sobreviveu a um pesadelo, mas o transformou em um sonho incrível e o fez acontecer.

Quanto a mim, escrever este livro tem sido uma experiência extraordinária. Em princípio, devia ser uma mensagem de esperança e cura para sobreviventes a um suicida. Acabou sendo muito mais do que isso para mim — muito doloroso para trabalhar e muito terapêutico, um exercício de sinceridade total sem esconder nada, e uma oportunidade para conhecer os corajosos e incríveis sobreviventes que compartilharam generosamente suas histórias, não só comigo, mas também com você. Me sinto humilde ao lado deles, muito grata e orgulhosa por ser um deles.

Nunca se esqueça: você não está sozinho. Sabemos pelo que você está passando, porque já passamos por isso. Sabemos que você vai sair da escuridão, porque já estivemos também nessa jornada. Muitos de nós ainda estão encontrando o próprio caminho. Mas, no final, estamos todos juntos. Unidos podemos nos ajudar mutuamente a nos curar. Juntos podemos pôr um fim nos estigmas da doença mental e do suicídio que provocaram uma quantidade enorme de dor não merecida. Juntos podemos fazer a diferença, em honra daqueles que amamos e perdemos. Eles escolheram acabar com a própria vida. Nós escolhemos salvar, viver e dar valor à nossa vida, e dar bom uso a ela.

Você está em meus pensamentos e preces.

De uma sobrevivente para outro,
Jen.

AGRADECIMENTOS

EU NÃO PODERIA SER MAIS GRATA AOS OUTROS sobreviventes a suicidas que tão generosamente compartilharam suas histórias, seu tempo, foram acessíveis, sinceros e proporcionaram *insights* que foram muito valiosos para este livro e para mim, pessoalmente.

Para "Sarah Davies": a qual sempre serei profundamente tocada por sua história e maravilhada com sua força e resiliência de seu espírito. Você não só se recusou a ficar com pena de si mesma e a deixar que você e seus filhos fossem as vítimas do suicídio de sua mãe, mas deixou que ele a impelisse para ser a mãe excelente que sempre desejou ter. Eu a agradeço pela inspiração e pelo lembrete de que não importa quanto as histórias sejam diferentes, os sobreviventes a um suicida têm muito a oferecer uns aos outros se deixarmos de nos esconder e falarmos.

Ao Rabbi, David Kirshner: Que alegre você é, sábio, corajoso, compassivo e cheio de energia, insistindo em uma vida repleta de amor, fé e, como você diria, "sem bobagens". Com pessoas proativas como você na liderança, não duvido nem por um minuto que possamos realmente esperar um dia em que os estigmas ignorantes contra a doença mental e o suicídio sejam algo do passado. E com líderes ativos como você, eu digo que "Estou dentro".

Para Kim Ruocco: Deus a abençoe pela guerreira que é e pelo grande trabalho que está fazendo todos os dias para guiar os sobreviventes a um militar suicida para a cura. Todos nós que estivemos aí aprendemos muito com você sobre transformar a tragédia em ação, e satisfazer uma necessidade quando a percebemos. Estou orgulhosa por conhecê-la e agradeço a você e a todas as outras famílias de militares por seu serviço e sacrifício.

Para "Jessie West": Você é um exemplo de uma vida impulsionada pelo amor em um lugar em que tantas pessoas encontrariam raiva e ressentimento, uma rara capacidade de olhar para sua perda trágica com gratidão em vez de arrependimento, e um incrível dom para amar incondicionalmente, enquanto ainda aplica limites saudáveis para si mesma e seus filhos. Nossas jornadas por esse luto sombrio começaram no mesmo dia, pela mesma razão horrível, com a perda de ex-maridos que faziam o prefixo *ex* não significar nada. Nenhuma de nós teria escolhido tudo que temos em comum, mas me sinto abençoada por isso ter me levado a pegar o telefone e encontrar uma nova amiga.

Para Melissa Rivers: Sua abordagem direta e de bom senso a um assunto tão doloroso foi e é tão renovadora e tão especial, e sua generosidade para comigo e meus filhos tocou meu coração. Deus a abençoe por seus esforços incansáveis para ajudar aqueles que estão perdidos no luto único do suicídio de alguém querido a encontrar o caminho de volta à esperança, humanidade e riso novamente.

Para Carla Fine: Obrigada por ser tão incrivelmente generosa com seu tempo, seu coração e seu espírito. Que inspiração você é para todos os sobreviventes a um suicida, com certeza, e ainda mais para mim. As suas palavras continuam a ressoar em mim e a me elevar, especialmente naqueles momentos em que meu otimismo está baixo, e preciso de uma razão para sorrir.

Para "Rebecca Butler": Você é uma jovem extraordinária, com um grande futuro a sua frente. Fico triste por ter sido o suicídio de seu pai que levou você e Chloe a se aproximarem, mas fico muito feliz e grata por vocês terem encontrado uma à outra e se tornado amigas. Você enriqueceu a vida dela e a minha só por ser exatamente quem é, e nós sempre estaremos na primeira fila com a sua família maravilhosa, torcendo por você aonde quer que você vá.

Para Janie Lopez: Eu ouvi seu espírito, sua força e seu coração. Ouvi seu amor por seu marido e seu filho, Matt. Ouvi seu amor por Sam e sua determinação em honrar o modo como ele viveu em vez se de concentrar em como ele morreu. Você disse que tinha medo de ficar amarga, mas nem por um momento acredito que exista um traço de amargura em você, só dor e pesar e choque que ainda está se desfazendo. Envio minha gratidão, minha profunda simpatia e minha promessa de que existe realmente uma luz que faz valer a pena ir adiante até o fim deste túnel longo e escuro.

Para Jane Clementi: Fico admirada pelo modo que você vivenciou a mais devastadora dor que qualquer pai pode imaginar, a perda de seu filho, e exigiu que ela enriquecesse você e o mundo ao seu redor em vez de deixar que a destruísse. Você e sua história vão fazer uma diferença profunda e positiva na vida de inúmeras pessoas da comunidade LGBTQIA+ e da comunidade de sobreviventes a suicidas também. Em nome deles e no meu, obrigada. Sou muito grata por você ser parte deste livro.

Para Monisha Chandanani: Seus *insights* foram muito úteis para este cérebro de cientista/médica desde o momento em que nos conhecemos, e sei que eles também serão úteis para inúmeros outros sobreviventes a suicidas. Sua voz é forte, confiante e cheia de fé e esperança. Ela me anima todas as vezes em que conversamos, e sinto-me orgulhosa e grata por você me permitir compartilhá-la com tantas outras pessoas que precisam dela tanto quanto eu.

PARA MINHA FAMÍLIA E AMIGOS

Sei que todos nós continuamos a viver com a dor e a tristeza da morte de Rob, e que cada um de nós está processando essas emoções de modo próprio. Também sei que a perda de Rob é profunda, e que muitos que o conheceram sentem muito a sua falta. Embora todos nós tenhamos continuado a viver de maneiras que homenageiam o espírito de Rob, sou profundamente grata pela gentileza amorosa que vocês demonstraram a Alex, Chloe e eu. Rob sempre estava tentando ajudar os outros, e sabemos que ele teria sido tocado pelas muitas maneiras em que vocês nos ajudaram a tentar nos curar.

Craig e Art, nunca poderei expressar quanto a gentileza de vocês comigo e o amor por Alex e Chloe significam para todos nós. Em meio a seu próprio luto, vocês nos apoiaram. Nós os amamos por terem feito isso.

Ana e Carole, depois de mais de 13 anos trabalhando juntas, ficou muito claro como somos muito mais do que colegas. Nunca vou esquecer o que vocês duas fizeram por mim e por meus filhos. Vocês cuidaram de mim para que pudesse continuar a cuidar de minhas pacientes, que são claramente *nossas* pacientes, em meio a seu próprio luto, pois vocês também conheciam Rob. Vocês fizeram tudo isso como amigas, mães e profissionais, e isso significa mais para mim do que vocês jamais saberão.

Para Michael e Todd, não poderia ter sobrevivido a esta tragédia se não fosse por vocês dois, me ajudando em estágios diferentes ao longo desta jornada, embora obviamente, de maneiras muito diferentes. Vocês dois parecem entender que, em muitos níveis, eu nunca serei a mesma; e sua gentileza e compreensão me ajudaram a não me sentir tão "danificada". Todd, quando penso no motivo de me apaixonar por você, é porque, como diz o ditado, "você me viu quando eu me sentia invisível".

E Alice, não tenho palavras. Quando Jinny tirou a vida dela apenas seis meses antes de Rob, sofri tanto por você, minha amiga, que tinha medo até de imaginar como você estava sofrendo. Quando me juntei a você nesse horrível processo, nosso vínculo, que já era longo e profundo, tornou-se indescritível. O fato de você sempre saber exatamente como estou me sentindo, e de ter alguém tão brilhante, amorosa, divertida e humana para conversar sobre sobreviver a um suicídio é como se fosse o tesouro de encontrar alguém que fala a mesma língua. Sempre vou estar presente para você, como você esteve para mim; e você, como minha antiga Residente Chefe, continua a me ensinar mais do que imagina. Eu te amo muito.

Dra. Sue Simring, você é a profissional de saúde mental mais brilhante que já encontrei. Nunca teria imaginado o que nos esperava quando Rob e eu entramos no seu consultório para fazer terapia de casal. Você estava presente para meus filhos e para mim horas depois da morte de Rob, e tem sido nossa luz e guia constante por todo esse processo. Você me ensinou como perdoar, a mim mesma e aos outros, e me ajudou a apoiar Alex e Chloe. Você me auxiliou a conhecer minha própria vulnerabilidade, para que pudesse "VER, AMAR e ESCOLHER" meu caminho ao reunir de volta meus pedaços fragmentados. Você literalmente nos ensinou a sermos fluentes no que chamo de "a linguagem do eu". Nos mostrou como interpretar a vida, eventos, emoções e pensamentos de um modo evoluído. E nos apresentou a um novo mantra: "Sentimentos não são fatos". Você é ao mesmo tempo um general militar quatro estrelas e uma mãe e avó amorosa, envolta em um pacote pequeno, mas muito poderoso. Nos tornou mais inteligentes e mais gentis da maneira mais eficiente. Quer seja referenciando fontes e teorias com seu conhecimento enciclopédico ou simplesmente nos fazendo rir, ou parar para descansar, você sempre está presente para nós. Sei, com certeza, que não estaríamos onde estamos hoje se não fosse por você. Você é minha rocha. "Obrigada" nunca será suficiente.

PARA MINHA FAMÍLIA E AMIGOS DA ABC

Não há dúvidas na minha mente de que não estaria de pé hoje se não fosse pelas pessoas com quem sou abençoada por trabalhar. Quando duvidei de mim mesma, vocês acreditaram em mim. Quando me senti fraca, vocês me deram forças. Quando me senti um fracasso, vocês fizeram com que me sentisse um sucesso. Quando senti que não podia fazer nada, vocês me fizeram sentir que podia. Vocês têm sido gentis, amorosos, compreensivos e apoiadores desde o primeiro dia.

Existem pessoas demais para mencionar, pois, literalmente incluiria toda a rede (até as pessoas que nunca encontrei pessoalmente), mas quero citar Ben Sherwood, James Goldston, Barbara Fedida, Derek Medina, Robin Roberts, George Stephanopoulos, David Muir, JuJu Chang, Amy Robach, Michael Strahan, Paula Faris, Dan Harris, Sara Haines, Michael Corn, Simone Swink, Roxanna Sherwood, Alberto Orso, Sandra Aiken, Morgan Zalkin, Mike Solmsen, Felicia Biberica, Santina Leuci, Eric M. Strauss, Steve Jones e toda a equipe da ABC Radio, Julie Townsend, Kerry Smith, Juanita Townsend, e Lisa Hayes por serem tão gentis.

Apenas com um olhar, ou um abraço, sempre me senti segura e protegida em meu processo de recuperação por causa da confiança que tenho ao trabalhar com todos vocês. Vocês nunca saberão quanto isso me ajudou e continua a me impactar. Também sei que o compromisso da *ABC* para desestigmatizar a doença mental e abordar o impacto do suicídio não tem igual, e sinto-me orgulhosa por trabalhar com profissionais tão dedicados.

PARA A EQUIPE DESTE LIVRO

Primeiro, para Heidi Krupp e Lisa Sharkey – obrigada por me incentivar a achar e usar minha voz para tentar ajudar as milhares de pessoas que são afetadas pelo suicídio, e por serem pacientes e compreensivas com meu nível de conforto, enquanto compartilhava esses pensamentos e sentimentos.

Obrigada, Matt Harper, por suas habilidades e *insights* incríveis como meu editor.

E obrigada a Lindsay Harrison, que agora é minha amiga para toda a vida. Suas habilidades de escrita não têm igual, mas foram realmente suas habilidades como um ser humano que me tocaram. E você "me tocou" desde nossa primeira conversa. Estou honrada de ter trabalhado com vocês neste belo livro. Nós rimos, choramos, aprendemos. Não é preciso dizer mais nada.

RECURSOS

SE VOCÊ ESTÁ ENFRENTANDO O LUTO INIGUALÁVEL DE PERDER UMA pessoa querida para o suicídio, lembre-se que não está sozinho. Aqui estão algumas das muitas organizações que existem para oferecer ajuda, compaixão e apoio verdadeiros:
ChangeDirection.org: Citando o site deles: "A iniciativa Change Direction (Mudança de direção) é um conjunto de pessoas preocupadas, líderes de organizações sem fins lucrativos e líderes do setor privado que se reuniram para mudar a cultura nos Estados Unidos a respeito da saúde mental, doença mental e bem-estar".
Giveanhour.org: Uma rede de voluntários e profissionais qualificados e treinados para responder a crises agudas e crônicas em comunidades em todo o país.
Taps.org: O *Tragedy Assistance Program for Survivors* (Programa de assistência em tragédia para sobreviventes) oferece cuidado ativo, recursos e "crescimento pós-traumático" a famílias enlutadas com o suicídio de um militar querido.
Tylerclementi.org: Dedicada a acabar com o *bullying* on-line e off-line entre jovens e adultos e a transformar observadores em agentes por meio do uso de ferramentas gratuitas para download.
Ourhouse-grief.org: Fornece serviços de apoio, educação, recursos e esperança para sobreviventes a um suicida.
Samaritanshope.org/our-services/grief-support-services: Oferece apoio gratuito, sem críticas e companheirismo a pessoas que perderam um ente querido por suicídio.
Afsp.org: A *American Foundation for Suicide Prevention* (Fundação norte-americana para prevenção ao suicídio) é uma comunidade

atuante em todo o país e dedicada a salvar vidas, trazer esperança a sobreviventes a um suicida e agir contra essa importante causa de morte por meio de pesquisa, educação e apoio à saúde mental.

Se você ou alguém que você conhece está em crise ou em sofrimento emocional, existe ajuda. Ligue para a *National Suicide Prevention Lifeline* (Linha salva-vidas de prevenção nacional ao suicídio) em 1-800-273-TALK (8255) para receber apoio emocional gratuito e confidencial, 24 horas por dia, 7 dias por semana, nos Estados Unidos.

No Brasil, ligue para o CVV (Centro de Valorização da Vida) no telefone 188, 24 horas todos os dias. Também é possível entrar em contato por e-mail (https://www.cvv.org.br/e-mail/) ou por chat no site (https://www.cvv.org.br/chat/).